Inhalt

Die Elbmarschen

Dithmarschen

Nordfriesland mit Eiderstedt

Inseln und Halligen

Von Flensburg bis Eckernförde

Rendsburg, Neumünster, Bad Segeberg

Von Kiel bis Lübeck

Von Lübeck bis Lauenburg

1

Die Elbmarschen

Stabhochsprung im Elbmarschenhaus

Die Haseldorfer Binnenelbe mit ihren Seitenarmen und Prielen ist ein nur Wenigen bekanntes Naturjuwel.

Vier Meter lang ist der Stock aus gerade gewachsenem, biegsamen Haselnussholz. Er wurde direkt vor einem Wassergraben platziert, und das hatte gute Gründe. Anno dazumal hätte ein echter Marschenbauer danach gegriffen, zum Sprung angesetzt, den Stock dabei gekonnt mittig in den Graben gesteckt und das natürliche Hindernis wie ein Stabhochspringer genommen. Mit dieser Technik ließen sich die breiten Gräben zwischen den Feldern und Weiden mühelos überqueren. Sie erforderte allerdings „Übung und ein gutes Augenmaß", erklärt eine Infotafel vor dem sogenannten Klotstock. Das ungewöhnliche Fortbewegungsmittel ist im landschaftlich typisch gestalteten Außengelände des Elbmarschenhauses in Haseldorf zu finden. Dieses steht direkt bei der naturgeschützten Haseldorfer Binnenelbe und informiert über die Umgebung. Hier verästelt sich der Elbstrom in Seitenarmen, die saftiges Marschenland durchziehen, ein ursprünglicher Lebensraum mit großflächigen Süßwasserwatten, Prielen, Inseln und feuchten Uferzonen – herrlich geeignet für ausgedehnte Spaziergänge und Vogelbeobachtungen.

Im Außenbereich des Elbmarschenhauses sind noch weitere, auch für Kinder spannende Dinge zu entdecken: etwa eine große Schöpfschraube, ein Weidentunnel zum Durchschlüpfen und andere regionaltypische Besonderheiten. Drinnen lädt eine multimediale Ausstellung dazu ein, mehr zu erfahren über die Besonderheiten des Elbeästuars, die Besiedelung der Marsch und die historischen Nutzungsformen. Als Ästuare werden die Mündungsbereiche großer Flüsse ins Meer bezeichnet – Gewässerzonen, die aufgrund dieser Nähe bereits von den Gezeiten und Faktoren wie Salzgehalt beeinflusst sind. Das Elbeästuar ist also der von der nahen Nordsee geprägte Abschnitt der Elbe. Hier wechseln Lebensräume mit reinem Süß- oder Salzwasser oder einer Mischung aus beidem, dem sogenannten Brackwasser. Entsprechend besonders ist die Flora und Fauna, die sich an diese Verhältnisse angepasst hat, ähnlich wie im Wattenmeer. Das Elbeästuar bildet den Übergang zwischen dem Flussökosystem und dem Küstenökosystem des Wattenmeers.

Der Klotstock hat sich übrigens auch im kriegerischen Einsatz bewährt, und zwar am 17. Februar 1500 in der Schlacht bei Hemmingstedt, in der die Dithmarscher Bauern die Truppen des Dänischen Königs besiegten. Weil große Flächen des Marschenlands wie so oft überflutet waren, nutzten die geländekundigen Bauern ihre Spieße und konnten damit die nassen Bereiche überwinden – anders als die dänischen Ritter in ihren starren Rüstungen. So besiegten die Einheimischen die gefürchtete „Schwarze Garde" schließlich, obgleich sie in der Unterzahl waren. Die heute bei Wettkämpfen beliebte Sprungtechnik war auch in anderen nördlichen Regionen mit vielen Wasserläufen verbreitet, etwa in Ostfriesland, wo sie als „Pultstockspringen" bekannt ist.

Elbmarschenhaus
Hauptstraße 26
25489 Haseldorf
T. 04129 95 54 90
elbmarschenhaus.de

Fischimbiss
„Haseldörper Röökerkist"
Auch Sitzplätze mit Blick
auf die Boote.
Am Haseldorfer Hafen
25489 Haseldorf
T. 04129 12 72

Die kleinste Fähre Deutschlands

Im grünen Nirgendwo bei Kronsnest, etwas versteckt hinter Obstbäumen und Deichen, verkündet am Flussufer ein buntes Schild die Worte „Bim Bam". Es weist Ausflügler fröhlich darauf hin, bei Bedarf eine Glocke zu läuten. Sie hängt hoch oben an den beiden Pfählen, auf denen das Schild angebracht ist, und ihre Leine baumelt in handgerechter Höhe. Wer der Aufforderung folgt, sieht schon bald den Fährmann am gegenüberliegenden Ufer zu einem kleinen Boot eilen, gefertigt aus Eichenholz, 4,40 Meter lang, 1,80 Meter breit und mit Platz für bis zu sieben Passagieren – oder weniger Personen und dafür einzelne Fahrräder.

Dies ist in den Sommermonaten die wohl schönste Möglichkeit, von Seester im Kreis Pinneberg nach Neuendorf im Kreis Steinburg zu gelangen: Hier geht es mit der kleinsten Fähre Deutschlands über die Krückau. Je nach Stand der Gezeiten ist dabei immerhin eine Wasserstrecke von circa 16 bis 40 Metern zu überwinden. Obendrein ist dies die einzige handbetriebene Fähre Schleswig-Holsteins. Sie funktioniert per Wriggen, das bedeutet mit nur einem einzigen, mittig nach hinten gerichteten Ruder, das auch Riemen genannt wird. Der Fährmann bewegt es seitlich hin und her und dreht es dabei jeweils in einem rechten Winkel um die Längsachse. Bei mehr als 7000 beförderten Personen jährlich kann das die Muskeln ordentlich schwellen lassen, weshalb der Antrieb hier auch scherzhaft als „Schwarzbrotmotor" bezeichnet wird.

Die historische Fähre war einst als Verbindung zwischen den beiden Gemeinden von Bedeutung. Seit sie 1993 wieder in Betrieb genommen wurde, nutzen viele Touristen diese bei Wanderern und Radfahrern besonders beliebte Gelegenheit und kehren auch gern in der zur Uferstation gehörenden Raststätte „Sööte Eck" ein. Die Überquerung der Krückau ist von Mai bis Anfang Oktober möglich (samstags von 12 bis 18 Uhr, an Sonn- und Feiertagen von 10:30 bis 18 Uhr). Tideabhängig ist der Fluss übrigens nur vom Krückauhafen in Elmshorn bis zur Mündung in die Elbe. Stromaufwärts zeigt er sich von noch stilleren Seiten.

Fährmann Norbert Gülicher
Mobil 0160 30 41 153
faehre-kronsnest@t-online.de
faehre-kronsnest.de

„Stöpenkieker"
Mini Museum an der Fähre
Fleien 44
25335 Neuendorf
Tel. 04121 21 463

Einkehr direkt bei der
Fährstation: „Sööte Eck"
In der Fahrradraststätte gibt es während der Fährsaison Kaffee, Fährwaffeln und selbst gebackenen Kuchen (Sonntag und feiertags 13–17 Uhr).

Mit Muskelkraft, also angetrieben von „viel Schwarzbrot", befördert der Fährmann seine Passagiere ans andere Ufer.

Wo Maja noch eine Zukunft hat

14

Das Bienenmuseum in Moorrege ist ein schönes Ausflugsziel und leistet zugleich wertvolle Beiträge zur biologischen Diversität.

Was wäre die Welt ohne Honigbienen und andere Insekten? Die Antwort kennen inzwischen so einige Menschen: Wenn die Bestäuber fehlten, gäbe es wohl sehr viel weniger Früchte und infolgedessen auch kaum noch Obst, Gemüse, Saft, Marmelade… Kaum jemand weiß jedoch, was dies in konkreten Zahlen bedeuten würde. Der Imkerverein Uetersen rechnet es auf seiner Homepage vor: Statt 100 Äpfeln gäbe es nur 39 Stück. Statt 100 Birnen sogar nur 13. Der Anbau von Raps brächte nur noch 70 Prozent der Ernte, die mit Hilfe der Bienen möglich gewesen wäre. Es ist bereits Realität, dass diese (und viele weitere) Insekten vom Aussterben bedroht sind. Also ist es eine gute Idee, den Tierchen und der Arbeit der Imker mehr Aufmerksamkeit zu schenken. Das geht in der Klinkerstraße 82 im beschaulichen Moorrege, denn hier hat der Imkerverein Uetersen ein

Bienenmuseum eingerichtet. In der Ausstellung erfahren Besucher unter anderem vieles über Königinnen, Arbeiterinnen und Drohnen, die Geschichte der Imkerei, und von Honig und Wachs. Weitere Stationen drehen sich um die heutige Bienenhaltung, das Züchten dieser Insekten sowie den Bienengarten und Wanderwagen. Natürlich ist dabei auch ein echtes Bienenvolk hinter Glas live zu beobachten.

Wie die Experten berichten, werden rund 80 Prozent aller Blütenpflanzen von Insekten bestäubt. Viele Obstbauern nutzen dazu auch die Hummeln, weil sie Obstblüten bereits bei acht Grad Celsius anfliegen können. Honigbienen hingegen benötigen dafür eine Außentemperatur von circa zwölf Grad Celsius. Außerdem machen sich noch andere Insekten als Bestäuber nützlich: Wildbienen, Schmetterlinge, Schwebfliegen, Käfer und Wespen. Einige von ihnen sind auf eine einzige Pflanze „spezialisiert" und verlieren ihren Lebensraum, wenn diese zum Beispiel aufgrund des Klimawandels verschwindet.

Bienenmuseum
Klinkerstraße 82
25436 Moorrege
T. 04122 85 68 323 (Imkerverein, Stefanie Willmann)
imkerverein-uetersen.de

Imker-Stammtisch
Auch Neuimker und Interessierte sind willkommen. I.d.R. jeden zweiten Montag im Monat (März bis Dezember, ab 20 Uhr). Aktuelle Informationen unter: imkerverein-uetersen.de

Restaurant Ydrama
Griechisch-mediterrane Küche nahe dem Bienenmuseum (ca. 500 m), auch Snacks wie z.B. Gyros Burger.
Kirchenstraße 28
25436 Moorrege
T. 04122 96 09 998
restaurant-ydrama.de

Erblühende Romantik

Ein Rosenromantik verströmender Ort, der schon viele Paare dazu veranlasste, sich hier das Ja-Wort zu geben: die Liebesinsel im Rosarium.

Sie wächst als aufrechter Strauch und wird bei guten Bedingungen mehr als 150 Zentimeter hoch. Ihre bis zu sieben Zentimeter großen, stark duftenden Blüten leuchten meist in sattem Mittelrot. Frosthart übersteht sie auch norddeutsche Winter mit Temperaturen von bis zu minus 20 Grad Celsius – sofern man sie noch findet, die fast vergessene Rosensorte 'Uetersen', benannt nach der Kleinstadt mit ihren rund 18000 Einwohnern, die westlich von Hamburg liegt. Im Europäischen Handel nicht mehr erhältlich, gedeiht sie nur noch in wenigen

Parks. Das war einmal ganz anders. Nachdem Mathias Tantau diese Strauchrose aus den Sorten 'Kitchener of Khartoum' und 'Stämmler' gezüchtet hatte, wurde sie 1939 eingeführt, als Dank für die Unterstützung beim Aufbau des Rosariums Uetersen. Letzteres ist geblieben und zieht noch immer etliche Besucher an. Auf sieben Hektar Fläche gedeihen dort mehr als 900 verschiedene Rosensorten in zahlreichen Farben und Duftnuancen. Die alte Sorte 'Uetersen' ist zwar nicht mehr dabei, dafür aber die Sorte 'Rosarium Uetersen', eine moderne, überreich blühende Kletterrose. Das im Kreis Pinneberg (Klein Offenseth-Sparrieshoop) beheimatete Familienunternehmen W. Kordes' Söhne züchtete sie zu Ehren des Rosariums, dem ältesten und größten in Norddeutschland. Auch dieser Rosenzuchtbetrieb zählt zu den Superlativen: Er exportiert seine Pflanzen weltweit und hat bereits etliche bekannte Rosensorten hervorgebracht. Jährlich werden hier insgesamt circa 80000 neue Rosen-Kreuzungen ausprobiert. Außerdem gibt es die 'Uetersener Klosterrose', ein Klettergewächs aus dem Hause Rosen Tantau. Ihre ballförmigen Blütenschalen erinnern an die bekannte Ramblerrose 'Raubritter', allerdings blüht diese rosafarben und nicht cremeweiß wie die Klosterrose.

Das am Uetersener Mühlenteich liegende Rosarium ist kostenlos öffentlich zugänglich. Mittendrin erblüht die Hochzeitsinsel, auf der sich Paare das Ja-Wort geben können. Schilder in den Beeten informieren jeweils über Klasse, Sorte, Züchter und das Jahr der Entstehung der Rosen. Noch mehr ist im Rosenlehrgarten zu erfahren, beispielsweise wie sich eine Wildrose in eine Gartenrose verwandelt oder welche Art der Veredelung eine „Okulation" bedeutet. Während der Saison (Mitte Juni bis Anfang September) können Gäste sonntags an Führungen teilnehmen und sich anschließend an Platzkonzerten im Pavillon erfreuen. Die Führung startet jeweils um 10.30 Uhr, Treffpunkt ist am Hoteleingang im Rosarium. Das Konzert beginnt um 15 Uhr und findet nur bei schönem Wetter statt. Es spielt die KGSE-Bigband mit Schülern, Lehrern sowie weiteren Musikern aus Elmshorn und Umgebung.

Nur einige Kilometer westlich des Pinneberger Baumschullands macht ein Schild an der Autobahn 23 auf die „Rosenstadt" aufmerksam. Bereits seit 1992 darf Uetersen diesen Titel tragen, der von der Deutschen Rosengesellschaft e.V. an Ortschaften vergeben wird, in denen die Königin der Blumen ein prägender

Bestandteil ist. Das haben bisher bundesweit nur zehn weitere Städte geschafft, außerdem gibt es sieben Rosendörfer und mit Neunkirchen im Saarland auch einen Rosenkreis.

Rosensaison ist in Uetersen ab Sommeranfang bis Ende August. Highlight ist das Rosenfest Anfang Juli mit Sommerflohmarkt, verkaufsoffenem Rosensonntag und Flaniermeile. Selbstverständlich regiert in der Stadt auch eine Rosenkönigin. Obendrein vergibt Uetersen jährlich die Rosennadel an eine verdiente Persönlichkeit. Die Region ist auch das bundesweit größte Rosenzuchtgebiet. Rund 20 Millionen Rosenpflanzen werden hier jährlich gezogen und in alle Welt exportiert.

Rosarium Uetersen
Wassermühlenstraße
25436 Uetersen
rosarium-uetersen.de

Tipp:
„Zur Erholung", der
Tante-Anne-Laden in Uetersen
Die Geschwister Anne und Bernd schufen hier einen Ort zur Erholung und offerieren regionale Produkte, Bio-Menüs und ausgewählte Weine. To go und Lieferservice.
Mühlenstr. 56
25436 Uetersen
T. 04122 25 92
zur-erholung-uetersen.de/tante-anne-laden

Europarekord

Wer zum Beispiel von Wedel nach Pinneberg fährt oder auf anderen Straßen in der Umgebung unterwegs ist, wird sie fast überall entdecken: eine Symmetrie verschiedenster Bäume und Gehölze, gewachsen auf großen Arealen, wie sie anderswo professioneller Gemüseanbau oder Obstplantagen einnehmen. Ungefähr 300 Baumschulen verteilen sich hier auf einer Fläche von circa 3500 Hektar. Damit ist diese auch von Rosenfeldern und barocken Alleen geprägte Kulturlandschaft in der Metropolregion Hamburg europaweit eine der größten ihrer Art.

Die Geschichte des Pinneberger Baumschullands begann bereits vor mehr als 250 Jahren. Es ist wohl ein lustiger Zufall, dass die Person, die es auch touristisch bekannt machte, einen passenden Namen hat: Heiner Baumgarten, im Jahr 2013 verantwortlich für die internationale gartenschau hamburg (igs), setzte sich auch dafür ein, diese Kulturlandschaft mehr in das allgemeine Bewusstsein zu rücken. Warum aber besuchen Bäume eigentlich eine Schule und was lernen sie dort? Antworten auf diese und viele weitere Fragen gibt es ebenfalls in Pinneberg, konkret im bundesweit einzigen Baumschulmuseum. Besucher erfahren zum Beispiel auch, worum es sich bei „Baumschulbaronen" und „Pflanzenjägern" handelt. Zu besichtigen sind außerdem historische Geräte wie der Schälpflug oder die Igelwalze. Ehrenamtliche gestalten die Dauerausstellung und regelmäßige Sonderausstellungen zum Anfassen und Ausprobieren. Der Förderverein organisiert auch Wandertouren zu besonderen Plätzen in der Region.

Deutsches Baumschulmuseum
Dienstags und sonntags
(Mai–Oktober, jeweils 14–18 Uhr)
Halstenbeker Str. 29
25421 Pinneberg
baumschulmuseum.de
pinneberger-baumschulland.de

Galerie-Café
Entspannte Einkehr in der
„Grüne Galerie" (Pflanzenverkauf
und -beratung). Hausgemachte
Kuchen und Torten, viele nach
Oma`s Rezepten, frische Waffeln,
deftige Snacks. Kaffeespezialitäten
aus regional gerösteten Bohnen
der Kaffeerei, mit Hofmilch vom
Bauer Kruse.
Pinneberger Straße 80
25462 Rellingen
Mobil: 0157 855 211 43 (Café)
T. 04101 809 92 45 (Pflanzen)
gruene-galerie.eu

Rund um Pinneberg
und Wedel fast überall
zu entdecken:
die ästhetische Sym-
metrie gelungener
Baumschulkunst
(oben).

Die Baumkultivierung
erfordert ein
Spezialwissen der
Gärtner.

Von Päonien und einem Riesenmammutbaum

Weit mehr als Bäume:
In den Sommer-
monaten verwandelt
sich das Arboretum in
ein Blütenparadies.

Zehn Kilometer nördlich von Pinneberg bereichert das Arboretum Ellerhoop-Thiensen die Kulturlandschaft. Die vielfältige Parkanlage bezaubert mit mehr als 4000 Pflanzenarten auf einer Fläche von 17 Hektar. Sie präsentiert in Themengärten etwa eine Allee aus Blauregen, einen Norddeutschen Bauerngarten vor einem historischen Münsterhof oder einen Wasserwald mit Sumpfzypressen und indischen Lotosblumen im Parksee. In Staunen versetzt die weltweit einzige Nachbildung des „General Sherman Tree". So heißt der voluminöseste lebende Baum der

Erde mit einer Stammhöhe von 83,8 Metern und einem Brusthöhendurchmesser von 825 Zentimetern. Auch im weiteren Verlauf weist der Stamm einen überdurchschnittlich großen Durchmesser auf – im Mittel knapp fünf Meter. Dieser Berg- oder Riesenmammutbaum (*Sequoiadendron giganteum*) ist schätzungsweise 1900 bis 2500 Jahre alt. Das Original steht im Giant Forest des Sequoia-Nationalparks im US-Bundesstaat Kalifornien. Für die Kopie in Ellerhoop wurde der Stamm bis in elf Meter Höhe im Maßstab 1:1 modelliert. In dieser nachgeformten Betonhülle entwickelt sich echter Nachwuchs, gepflanzt am 4. Oktober 2013: „General Sherman Junior", ein damals 40-jähriger Mammutbaum, der inzwischen mehr als 15 Meter hoch ist. Die Kopie und das noch junge Original bilden ein Gesamtkunstwerk im Mittelpunkt einer Baumerlebniswelt in der schulbiologischen Abteilung „Entwicklungsgeschichte der Bäume".

Das Arboretum ist obendrein für seine Strauch-Päonienblüte weithin bekannt. Das Sortiment an diesen besonderen Pflanzen dürfte das wohl größte in Deutschland oder sogar in Europa sein.

Tipp: Waldwandern
Bei Kummerfeld nördlich von Pinneberg gibt es auch herrliche Laub- und Mischwälder, die zum Spazieren und Wandern einladen.

Arboretum Ellerhoop
Thiensen 4
25373 Ellerhoop
T. 04120 218
arboretum-ellerhoop.de

Aktueller Hinweis: Derzeit (Stand April 2024) gibt es auf einem Gutachten basierende Überlegungen, das Deutsche Baumschulmuseum von seinem jetzigen, etwas versteckten Standort in Pinneberg-Thesdorf zum Gartenbauzentrum nach Ellerhoop zu verlagern, um die Zukunftsfähigkeit des Museums zu sichern. Wenn die noch offenen Fragen geklärt sind – unter anderem bezüglich der Versiegelungsflächen – und alles klappt, befände sich die besondere Ausstellung genauso wie das Arboretum in der grünen Mitte des Kreises Pinneberg, einem Hotspot der Naherholung. Ein Besuch beider Einrichtungen ließe sich dann noch besser miteinander verbinden.

Das Arboretum ist auch für seine Strauch-Päonienblüte weithin bekannt. Das Sortiment an diesen besonderen Pflanzen dürfte das wohl größte in Deutschland oder sogar in Europa sein.

25

Das Modell eines Dinosauriers inmitten der Urzeitpflanzen kommt besonders bei kleinen Besuchern gut an.

Entlang der Krückau
zur Schlossinsel

26

Gar nicht weit von der Hamburger Stadtgrenze entfernt lädt die mittelalterliche Idylle des Rantzauer Sees zur Besichtigung ein.

Zwischen Elmshorn und Barmstedt, wo keine Gezeiten den Fluss prägen, bietet die Krückau etwas ganz Besonderes: Beide Städte verbindet der Krückauwanderweg, gut markiert mit handgefertigten Holzschildern und einem malerischen Finale. Los geht es am Mühlendamm in Elmshorn. Die circa acht Kilometer lange Route führt zunächst durch den Krückaupark, unterquert die Wittenberger Straße und begleitet den Fluss noch, bis er sich am „Deutschen Eck" mit der Offenau vereint. Hier entfernt sich

der Wanderweg vom Ufer und geleitet um das Landschafts-schutzgebiet Krückauniederung. Er folgt dabei den Straßen Stabeltwiete und Widentwiete bis zur Autobahn 23, wo er wieder auf die Krückau trifft. Kurz davor lädt die Schutzhütte Kölln-Reisiek zur Rast ein. In diesem Gebiet informieren vier Schau-tafeln am Weg über „Wiesen und Weiden – Naturschutz an der Krückau", das „Auf und Ab der Gezeiten", die Krückauniederung sowie „Kern und Rand – Schutzzonen an der Krückau". Weiter geht es durch die Wiesenlandschaft der Gemeinde Bokholt-Hanredder und schließlich bis nach Barmstedt mit dem Rantzauer Forst, dem von der Krückau gespeisten Rantzauer See und seiner Schlossinsel. Sie blieb übrig von einer mittelalterlichen Befestigungsanlage aus Zeiten der Ritter von Barmstede. An-stelle des ursprünglichen Schlosses steht hier nun seit dem frühen 19. Jahrhundert ein Herrenhaus. Auch ansonsten lohnt sich ein Ausflug zum Rantzauer See: Hier gibt es unter anderem eine Badestelle und ein Hallenbad, einen Tretbootverleih und eine Minigolfanlage, einen großen Spielplatz sowie die historische Rantzauer Wassermühle, die eine kleine Weberei und ein Ge-schäft für Töpferbedarf beherbergt. Geboten werden außerdem Veranstaltungen wie der Kunsthandwerkermarkt, der Historische Mittelaltermarkt oder der Adventsmarkt.

Schlossinsel
Rantzau 9–15
25355 Barmstedt
barmstedt-und-umland.de/
rantzauer-see-mit-schlossinsel
barmstedter-schlossinsel.de/

Restaurant „Zum Bootssteg"
Fisch (Forelle, Zander etc.)
und regionale Spezialitäten wie
„Holsteiner Schnitzelpfanne".
Rantzau 7
25355 Barmstedt
T. 04123 38 49
zum-bootssteg.de

Hotel und Restaurant
Bokel-Mühle am See
In idyllischer Lage circa 11 Kilo-
meter nördlich von Barmstedt.
Auf den Tisch kommen auch
Karpfen aus dem eigenen See.
Neel-Greve-Straße 2
25364 Bokel
T. 04127 94 200
bokelmuehle.de

Eine lehrreiche Marschengemeinde

Vor ungefähr 350 Jahren wies sie Kapitänen den Weg in den Hamburger Hafen, dann schlummerte sie im Schlick der Elbe vor Kollmar, bis sie im Jahr 2003 bei Arbeiten des Wasser- und Schifffahrtsamts gefunden wurde: Eine Fahrwassertonne aus Eichenholz, das zwischen 1533 und 1681 gewachsen ist, wie Experten der Universität Hamburg feststellten. Für einige Jahre war das Original auf dem Außengelände der Dörpstuuv, einem kleinen Museum in der Schulstraße 6 in Kollmar, zu besichtigen.

Luftaufnahme vom Elbstrand bei Kollmar mit dem Leuchtturm Steindeich, der bis 1995 in Betrieb war. Seit 1999 ist der Turm in Privatbesitz und bewohnt.
Hier lässt es sich auch herrlich Fahrrad fahren.

Weil die Tonne zunehmend verfiel, steht dort nun stattdessen ein Modell des historischen Seezeichens im Maßstab 1:1. Zusammen mit weiteren Exponaten im Innen- und Außenbereich der Dörpstuuv ist auch eine Ausstellung zu Sturmfluten und Küstenschutz in der Region sowie zur Besiedelung der Elbmarschen zu sehen.

Ungefähr im elften Jahrhundert begannen die Menschen die Elbmarschen zu besiedeln und dort immer mehr Ackerland zu nutzen. Um die durch das Flusswasser gefährdeten Flächen zu schützen, legten sie erste Wälle an. Weil der Meeresspiegel im Laufe der Jahrhunderte anstieg, waren schließlich höhere Deiche nötig. Um künftig den schweren Jahrhundertfluten zu trotzen, bei denen ganze Dörfer untergingen, errichteten die Marschbewohner immer stärkere Deiche.

Die Gemeinde Kollmar liegt zwischen Glückstadt und Elmshorn im Landschaftsschutzgebiet Kollmarer Marsch. Einiges ist geblieben aus den Zeiten, in denen neben der Landwirtschaft auch Schifffahrt und Fischerei als Wirtschaftszweige von

Bedeutung waren – kleine Häfen in Kollmar sowie im Ortsteil Bielenberg. Und hinter dem Deich stehen liebevoll renovierte Katen der damaligen Schiffer, Fischer und Landarbeiter.

Außer bei der Ausstellung in der Dörpstuuv lässt sich hier auch bei einer herrlichen Radtour mehr über den Küstenschutz erfahren: dem Kollmaraner Deichtörn. Es handelt sich um eine 20 Kilometer lange Rundroute entlang der Deiche und durch die Kollmaraner Marsch. Historische und neue Deichlinien säumen große Teile der Strecke, Schautafeln informieren über Hintergründe.

Der Deichtörn beginnt am malerischen Kollmarer Hafen, charakteristisch zu erreichen über eine „Stöpe", so wird eine Durchfahrt im Deich bezeichnet. Dann geht es zunächst immer am Wasser entlang, begleitet von den Ozeanriesen auf der Elbe. Ungefähr fünf Kilometer weiter bietet sich in Bielenberg ein idyllischer Sandstrand für eine Rast an. Hier geht es über den Deich landeinwärts weiter: Die Strecke führt nun vorbei an zwei kleinen Teichen. Die so genannten Braken sind entstanden, als bei der verheerenden Markusflut im Jahr 1756 die Deiche brachen. Anschließend fahren wir durch das Landschaftsschutzgebiet, auf von Kopfweiden gesäumten Straßen und begleitet von hübsch hergerichteten Höfen. Immer wieder locken am Wegesrand auch kleine Büdchen, in denen Landwirte Gemüse, frische Eier und andere regionale Produkte verkaufen. Schließlich gelangt man zurück nach Kollmar. Auch hier gibt es einen schönen Elbstrand mit einem Kinderspielplatz direkt am

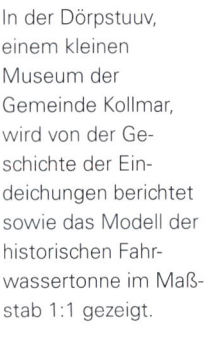

In der Dörpstuuv, einem kleinen Museum der Gemeinde Kollmar, wird von der Geschichte der Eindeichungen berichtet sowie das Modell der historischen Fahrwassertonne im Maßstab 1:1 gezeigt.

Ufer. Rund um den Hafen laden ein Fischimbiss und ein Restaurant mit Sommerterrasse zur Einkehr ein. Am Parkplatz informiert eine Schautafel über Natur- und Kulturdenkmäler.

Wer noch etwas weiterfahren und mehr erleben möchte, wählt Glückstadt als Start- und Zielpunkt (einfache Strecke plus fünf Kilometer). Los geht es dann am Hafen der „Matjesstadt", wo man sich leckere Fischbrötchen als Proviant mitnehmen kann. Die Route führt zunächst links am Hafen entlang, den schmucke Giebel- und Traufenhäuser rahmen. Anschließend folgt sie dem Deich. Nach circa fünf Kilometern ist der Ortsteil Schleuer erreicht. Hier trifft die Strecke auf den regulären Deichtörn. Über Kollmar geht es dann auf der Rundtour zurück nach Glückstadt.

Rund um Glückstadt locken noch weitere schöne Radtouren, die verschiedenen Themen gewidmet sind. So führt zum Beispiel der „Weidentörn" entlang der Wasserwege und alter Deiche, der „Gemüsetörn" durch die Blomesche Wildnis und die Engelbrechtsche Wildnis (bekannt für Gemüseanbau). Der „Obsttörn" wiederum verläuft durch eine Obstbauregion bis zum Krückau-Sperrwerk mit Hofläden an der Strecke. Obendrein liegt Glückstadt am Elbe- und am Nordseeküsten-Radweg, attraktiv also für Fernradwanderer.

Deichtörn
Routenbeschreibung unter
holstein-tourismus.de
kollmar-elbe.de
gluecks-routen.de

Dörpstuuv
Schulstraße 6
25377 Kollmar

Restaurant-Café und Hotel direkt im Hafen: Fährhaus Kollmar
Mit großer Sonnenterrasse.
Brunch an Sonn- und Feiertagen.
Am Deich 1
25377 Kollmar
T. 04128 94 15 530
faehrhaus-kollmar.de

Touristinformation Glückstadt
T. 04124 93 75 85
glueckstadt-tourismus.de

Wo sich die Fayencen behaupten konnten

Es war im 16. Jahrhundert, als Bürger der italienischen Stadt Faenza eine bahnbrechende Idee hatten. Sie stellten Tafelgeschirr und andere Keramik aus Ton her, den sie mit einer deckenden, zinnhaltigen Glasur überzogen. Auf diese Weise entstanden weiß-glänzende Gefäße und Figuren, die aussahen wie kostbares Porzellan, aber wesentlich preiswerter waren. Abgeleitet vom Namen der Stadt wurden solche Gegenstände als Fayencen bezeichnet.

Das gefiel auch vielen Schleswig-Holsteinern, und so wurden mit königlich-dänischem Privileg ungefähr 200 Jahre später etliche Fayencemanufakturen im nördlichsten Bundesland gegründet, unter anderem in Schleswig, Altona, Criseby-Eckernförde, Kiel, Rendsburg, Stockelsdorf und Kellinghusen. Doch der langfristige Erfolg blieb aus, schon nach wenigen Jahrzehnten mussten die meisten dieser Manufakturen schließen. Die Hersteller weigerten sich, die veralteten Formen und Dekore zu erneuern, außerdem setzten sich das Porzellan und das in England industriell hergestellte Steingut in der breiten Bevölkerung durch, sodass der Absatz stagnierte. Allein in einer kleinen Ortschaft südwestlich von Neumünster lief es prächtig. Hier hatten sich die Manufakturen rechtzeitig auf neue Käuferschichten eingestellt. Auch gaben sie die Produktion von Einzelstücken auf und stellten konsequent auf preiswerte, aber qualitativ hochwertige Massenware um. Zudem wirkte es sich vorteilhaft auf das Geschäft aus, dass Napoleon anno 1806 eine Kontinentalsperre gegen Großbritannien verhängt hatte und somit der Import des billigen englischen Stein-

Am Ufer stehend, ist nicht zu erahnen, dass auf dem Grund des Großen Rensinger Sees noch Zeugnisse aus den Zeiten des Tonabbaus schlummern.

guts in die Herzogtümer zumindest vorübergehend unterbunden werden konnte.

Die Tradition brachte der Fayencemaler und -modellierer Sebastian Heinrich Kirch (um 1711–1768) nach Kellinghusen, einer jener Wanderkünstler, die im 18. Jahrhundert von einer Manufaktur zur anderen zogen und ihre Kenntnisse dabei erweiterten. Auch ihm gefielen die guten Voraussetzungen in der schleswig-holsteinischen Ortschaft. Nach Stationen in den niedersächsischen Manufakturen von Braunschweig, Hannoversch Münden, Vegesack und Jever wurde er 1763 in Kellinghusen sesshaft.

Die Voraussetzungen für die Keramikproduktion waren in Kellinghusen optimal. Im dortigen Erdreich befanden sich große Vorkommen von qualitativ hochwertigem Ton, die Wälder auf den umliegenden Höhenzügen lieferten das nötige Brennmaterial. Von auswärts bezogen werden mussten nur weitere, für die Herstellung ebenfalls notwendige Zutaten wie Salz, Blei und Zinn sowie die Farben zum Aufmalen der Dekors. Mit der an Kellinghusen vorbeifließenden und bis zur Elbe schiffbaren Stör war obendrein ein günstiger Handelsweg vorhanden. Per Schiff und auf Landwegen wurden Kellinghusener Fayencen in die Herzogtümer transportiert, nach Hamburg, Dänemark und in das nördliche Hannover. So gelang es den Betrieben, die Herstellung bis um 1860 aufrechtzuerhalten.

Noch heute spielt Keramik in dem Städtchen eine Rolle, in dem mittlerweile rund 8000 Einwohner leben. Im städtischen Museum „betont", das sich im historischen Rathaus Kellinghusens befindet, sind einige Fayencen zu bewundern. Als einziges Fachmuseum für Keramik in Schleswig-Holstein beleuchtet es in seiner Dauerausstellung die strahlend schönen Kellinghusener Fayencen des 18. und 19. Jahrhunderts in all ihren Facetten, präsentiert ihre Formenvielfalt, bietet Einblick in die Geschichte ihrer Manufakturen, erklärt ihre Herstellung, Verbreitung und Verwendung. Besucher bekommen dort auch einen Flyer zur „Keramik-Route Kellinghusen". Auf diesem Rundgang sind Spuren der mehr als 250 Jahre währenden Handwerkstradition zu entdecken – unter anderem der Große Rensinger See, an dessen Ufer ein Schild vor dem Baden warnt: große Tiefe, Hindernisse unter Wasser. Es handelt sich dabei um auf dem Grund schlummernde Gebäudereste und alte Loren aus Zeiten des Tonabbaus. Dies war einmal eine Grube, die Material für die Kellinghusener Fayencen und einige Ziegeleien lieferte, genauso wie der benachbarte Kleine Rensinger See und eine Grube am Geesthang im Stadtpark. Weitere Stationen des Rundgangs sind das wunderschöne historische Ortszentrum mit der steil zur Feldsteinkirche St. Cyriacus (13. Jhdt.) hinaufführenden Bergstraße.

Kunstvoll wie Porzellan, jedoch preisgünstiger in der Herstellung – die Fayencen.

Nachweislich sechs Fayencemanufakturen gab es in Kellinghusen zwischen 1764 und 1860, einige Kunsthandwerker sind in dem Städtchen auch heute noch am Schaffen. An ihren Keramik-Werkstätten kommen Spazierende auf dem Rundweg ebenfalls vorbei. Beim jährlichen Töpfermarkt am zweiten Augustwochenende präsentieren Kunsthandwerker aus ganz Deutschland ihre Arbeiten in Kellinghusen.

Tourist-Info Kellinghusen
Hauptstr. 18
25548 Kellinghusen
T. 04822 3762-30
kellinghusen.de
stadtmarketing-kellinghusen.de

betont. Ton & Tasten Museum Kellinghusen
Am Markt 9
25548 Kellinghusen
kellinghusen.de/museum

Der Heidegänger

In Kellinghusen lebte von 1883 bis 1890 der Lyriker und Prosaiker Detlev von Liliencron (1844–1909). Anfangs war er in der Stadt zwei Jahre lang als Kirchspielvogt tätig. Daran erinnert ein kunstvoll gestaltetes Relief an der Wand des Backsteinhauses in der Hauptstraße 31, das damals sein Dienstsitz war. Anschließend blieb er noch fünf Jahre und widmete sich seiner Leidenschaft, dem Schreiben. Seine Lyrik gilt als wegweisend im aufkommenden Naturalismus des ausklingenden 19. Jahrhunderts.

Während Liliencron sich als Prosaautor keinen Namen machen konnte, beeinflusste seine Lyrik unter anderem Hugo von Hofmannsthal und den jungen Rainer Maria Rilke. Bekannt wurde der chronisch verschuldete Dichter vor allem durch die allerdings auf Pellworm entstandene Ballade „Trutz, blanke Hans" (1882/83), in der er die Rungholtsage verarbeitete, laut der die reiche, aber gottlose Stadt Rungholt durch eine Sturmflut vernichtet wurde – also durch den „Blanken Hans", wie die friesische Bezeichnung für die tobende Nordsee lautet. Mit folgenden Zeilen beginnt die letzte Strophe:

„Ein einziger Schrei, die Stadt ist versunken
Und Hunderttausende sind ertrunken"

Detlev von Liliencron lebte und wirkte auch einige Jahre in Kellinghusen.

Auch seine 1902 erschienene Ballade „Pidder Lüng" spielt an der deutschen Nordseeküste. Es geht darin um den Widerstand der friesischen Bevölkerung im Mittelalter, verkörpert durch die Figur eines Sylter Fischers gegen die Herrschaft des Adels.

Bereits 1883 war Liliencrons erster Lyrikband „Adjutantenritte und andere Gedichte" veröffentlicht worden. Vier Jahre später folgte „Eine Sommerschlacht", bald darauf „Unter flatternden Fahnen" (1888) und schließlich „Der Heidegänger" (1893).

Zu Letzterem inspirierte ihn eine Landschaft vier Kilometer nordöstlich von Kellinghusen: die Störkathener Heide. Wer das überaus idyllische Fleckchen erkundet, versteht warum. Heute können Spaziergänger dort in einer abgegrenzten Zone einer kleinen Heidschnuckenherde begegnen, die ohne Schäfer in der Besenheide unterwegs ist, durch die der Pfad hindurch führt. Dieser ist Teil eines 2,5 Kilometer langen Lehr- und Erlebnispfads mit Stationen wie etwa einem Baumtelefon oder einem Baumxylophon zum Ausprobieren. Inmitten dieser wundervollen Landschaft erinnert ein Gedenkstein an den berühmtesten Bürger Kellinghusens.

Kellinghusen Hotel und Restaurant Taba
Nahe der Rensinger Seen in ruhiger Lage.
Lockstedter Weg 3
25548 Kellinghusen
T. 04822 37 84 234
taba-hotel.de

Auch die nahe Störkathener Heide inspirierte den Lyriker Detlev von Liliencron zu klangvollen Zeilen.

Die Tiefste Landstelle

Bewohnern der französischen Landschaft Artois, auf Deutsch übersetzt Artesien, gelang im Jahr 1126 etwas Ungewöhnliches. In einer Bodensenke legten sie einen Brunnen an, in dem das Wasser von selbst aufstieg. Das lag daran, dass dieser sich unterhalb des Grundwasserspiegels befand und das Wasser daher unter Überdruck stand. So wurde erstmals ein artesischer Brunnen geschaffen – Namensgeber war die Region.

Solch einen Brunnen gibt es auch in der Wilstermarsch, die vor allem durch das weltgrößte Heavy-Metal-Festival in Wacken bekannt ist. Hier, zwischen Elbe, Stör und dem Nord-Ostsee-Kanal, ist das Land weit unter ein normales Niveau abgesackt. Geografische Rekordhalterin ist die Gemeinde Neuendorf-Sachsenbande nordwestlich von Glückstadt mit einem offiziell als *Tiefste Landstelle* betitelten Ort. Er liegt 3,54 Meter unter dem Meeresspiegel und ist somit die tiefste begehbare Stelle Deutschlands. Liebevoll wurde dort ein informativer Rastplatz gestaltet. Schautafeln informieren über das physikalische Prinzip des artesischen Brunnens, bei dem hier das Wasser aus 25 Metern Tiefe nur durch Eigendruck in einen Holztrog fließt. An einem Höhenmast ist abzulesen, wo der Meeresspiegel liegt und wie hoch die Pegel verschiedener Sturmfluten waren. Außerdem gibt es eine Schutzhütte mit einem Gästebuch, in das sich Vorbeischauende eintragen können. Zu finden ist der Rastplatz an der Landstraße Burg-Wilster bei Neuendorf (Landstraße 135 bei Kilometer 6,4).

Liebevoll gestaltet ist der Platz, der mitten in der Wilstermarsch liegt und einen bundesweiten geografischen Rekord hält.

Tiefste Landstelle
Burger Straße 13
25554 Neuendorf-Sachsenbande
tiefstelandstelle.de

Paddeln auf der Wilster Au:
Kanuverleih
Station nahe der Tiefsten
Landstelle (ca. ein Kilometer)
wilsterau-kanu.de).

Landgasthaus & Hotel
„Zum Dückerstieg"
Knapp drei Kilometer von der
Tiefsten Landstelle entfernt.
Regionale Landküche, vom
Magazin „Feinschmecker"
zu den besten Restaurants
Deutschlands 2022 gewählt.
Eintrag im Guide Michelin.
Dückerstieg 7
25554 Neuendorf-Sachsenbande
T. 04823 92 929
dueckerstieg.de

2

Dithmarschen

Trojaner in Kornsäcken

42

Anno 1145 n. Chr. ermordeten Dithmarscher Bauern den Stader Grafen Rudolf und seine Frau Walburga – so erzürnt waren sie darüber, dass der Adlige ihnen die volle Abgabenlast auferlegt hatte, obwohl eine wiederkehrende Dürre ihnen zwei Jahre lang keine Ernte brachte. Daher ersannen die Bauern einen hinterlistigen Plan: In Säcke gebunden, gelangten sie auf dem Kornwagen ins Burginnere. Der Kutscher rief dort „Röhret de Hann un snidet de Sacksbann", was aus dem Niederdeutschen übersetzt bedeutet, dass die Angerufenen ihre Hände rühren und die Bänder der Säcke aufschneiden sollten. Als dies geschah, sprangen die Bauern aus den Säcken, sodass es für den überraschten Grafen und sein Gefolge kein Entkommen gab. Ob es die Trojaner in Kornsäcken wirklich gab, ist ungewiss, jedoch rankt sich diese Sage um den Überfall auf die Bökelnburg.

Im Ditmarsium ist die regionale Geschichte nachzuerleben – etwa in einem Kolonialwarenladen aus den 1920er-Jahren.

Die um das Jahr 800 auf einer Anhöhe am Geestrand errichtete Festung diente dem Schutz und der Verteidigung vor den Überfällen der Wikinger, Slawen und Franken, die seinerzeit durch das Land zogen. Ihr Name leitet sich von Böken, also Buchen, ab, weil sie sich in einem solchen Wald verbarg. Geblieben ist von ihr ein sechs Meter hoher Erdringwall mit einem Innendurchmesser von rund 100 Metern. In dem mit Bäumen bewachsenen Festungsrund befindet sich heute der Friedhof der nach der Anlage benannten Stadt Burg. Von der Wallkrone aus öffnet sich ein herrlicher Blick über die Moorwiesen zum Nord-Ostsee-Kanal.

Auch die Schifffahrt hat in Burg Geschichte geschrieben. Bei dem ältesten Boot, das hier je gefunden wurde, handelt

es sich um einen 2500 Jahre alten Einbaum, heute ein Exponat des Archäologischen Museums im Schleswiger Schloss Gottorf.

Im 18. Jahrhundert transportierten die Menschen mit flachbödigen Evern Torf von Dithmarschen nach Wilster, wobei sie die Wilster Au nutzten. Einige dieser Boote wurden direkt in Burg gezimmert. Dies und noch mehr erfahren Besucher des Museums „Ditmarsium". In dessen Schifffahrtsstube wird anhand von 80 historischen Bilddokumenten die Geschichte der Burger Schifffahrt dargestellt – von der Torfschifffahrt bis zu den modernen Containerschiffen. Etwas Besonderes ist auch die Original-Kapitänskajüte eines „Kümos" (Küstenmotorschiffs) von 1932.

Weitere Ausstellungsbereiche widmen sich der regionalen Geschichte verschiedener Berufe – vertreten sind ein Uhrmacher, ein Frisör, eine Sattlerei, ein Kolonialwarenladen und eine Zahnarzt-Praxis aus den 1920er-Jahren. Letztere ist ausgestattet mit einem mechanischen, fußbetriebenen Bohrer. Der schwere eiserne Behandlungsstuhl war zusammenklappbar und bei Hausbesuchen in die ländliche Umgebung mit dabei. Seit 2020 erwartet die Besucher des Museums eine modern inszenierte Ausstellung mit multimedialen Erlebnissen. Um eine interaktive Relief-Bodenkarte von Schleswig-Holstein herum wird die Geschichte der Burger Frachtschifffahrt zeitgemäß präsentiert.

Zu erreichen ist Burg auch auf ungewöhnlichen Wegen: Den Nord-Ostsee-Kanal begleitet an beiden Ufern ein Spazier- und Radwanderweg. Genauso wie die Wasserstraße verbindet diese circa 100 Kilometer lange Route die Schleusen von Brunsbüttel und Kiel-Holtenau. Wer ihr ab der Elbe für rund 15 Kilometer folgt, entdeckt das Burger Fährhaus. Außer der Möglichkeit, an dieser Stelle den Kanal zu überqueren, bietet es sich für eine Einkehr mit Blick auf die vorbeiziehenden Schiffe an. Von hier aus sind es nur 2,5 Kilometer bis nach Burg. Das 4200-Einwohner-Städtchen lockt übrigens auch mit einem Waldschwimmbad und einem Waldmuseum mit Aussichtsturm.

Museum „Ditmarsium"
Museum für Lokalgeschichte in
Burg (Dithmarschen)
Große Mühlenstraße 6
25712 Burg
T. 04825 90 220
ditmarsium.de
burg-dithmarschen.de

Erlebnisfreibad Burg
Am Sportplatz 10
25712 Burg
T.: 04825 88 57

Waldmuseum Burg
Waldstraße 141
25712 Burg
T. 04825 29 85
waldmuseum.de

Schleusenwärterspiel

Wie fühlt es sich wohl an, per Knopfdruck die mächtigen Schleusen des Nord-Ostsee-Kanals in Brunsbüttel zu bewegen und Ozeanriesen die Durchfahrt zu ermöglichen? Das kann jeder einmal ausprobieren. Möglich macht es ein Modell im Kanalmuseum „Atrium" auf dem Gelände des Wasserstraßen- und Schifffahrtsamts (WSA), direkt an der Schleuse gelegen. Es widmet sich der Geschichte des Kanal- und Schleusenbaus. Mit etlichen Schautafeln, Schiffsmodellen, Landschafts- und Funktionsmodellen, historischen Exponaten und technischen Simulationen werden der Bau, der Betrieb und die Bedeutung des „Kiel-Canals" dargestellt – so lautet die offizielle Bezeichnung der Wasserstraße in der internationalen Schifffahrt.

Bei dieser Gelegenheit sollten Besucher es sich nicht entgehen lassen, das Schleusengeschehen einmal live zu betrachten. Treppen führen in das Gelände mit jeweils einer Aussichtsplattform an jedem Schleusenende. Auch auf Spazierwegen kommt man den riesigen Kammertoren näher. Die Anlage besteht aus einer kleinen Schleuse mit einer Nutzlänge von 125 Metern (Nutzbreite: 22 Meter) sowie einer großen Schleuse mit 330 Metern Nutzlänge (Nutzbreite: 45 Meter). Täglich passieren rund 130 Schiffe das weit mehr als 100 Jahre alte Wasserbauwerk. An einem Info-Point nahe der Hafenpromenade (auf der westlichen Kanalseite) erklären Schautafeln die Geschichte der Schleusen und des Nord-Ostsee-Kanals. Dieser führt von der Elbmündung einmal quer durch Schleswig-Holstein bis zur Kieler Förde und verbindet beide Meere. Die meistbefahrene künstlich angelegte Seeschifffahrtstraße der Welt dient heute dem Austausch von Waren zwischen den Ostseeanrainern und anderen Ländern weltweit. Durch sie können Schiffe eine enorme Abkürzung zwischen Nord- und Ostsee nehmen: Die Fahrt durch den Kanal erspart den

Eine gigantische Anlage: Die Nord-Ostsee-Kanal-Schleusen in Brunsbüttel sind auch für Besucher spannend.

um 250 Seemeilen längeren Umweg um die Nordspitze Dänemarks.

Die Verbindung wurde ursprünglich aus seestrategischen Gründen geschaffen. Bereits gegen Ende des 18. Jahrhunderts ließ der damalige Landesherr, der dänische König Christian VII., ab Kiel-Holtenau einen „Schleswig-Holstein-Canal" anlegen. Das Gewässer mündete bei Rendsburg in die Eider, die wiederum über den Hafen von Tönning eine Verbindung zur Nordsee ermöglichte. Nach der Gründung des Deutschen Reichs und dem Aufbau einer eigenen Marine entstand 1895 der Nord-Ostsee-Kanal. Das schon vorhandene Kanalbett wurde dabei teilweise einbezogen. Den Grundstein ließ Kaiser Wilhelm I. im Jahr 1887 in Kiel-Holtenau legen. In den acht Jahren Bauzeit bewegten 9000 Arbeiter rund 80 Millionen Kubikmeter Erdreich. Die Baukosten betrugen 156 Millionen Reichsmark. Am 21. Juni 1895 eröffnete Wilhelm II. (von 1888 bis 1918 Deutscher Kaiser und König von Preußen) den Kanal, begleitet von pompösen Feierlichkeiten und einer internationalen Flottenparade. Schon bald jedoch bot die Wasserstraße nicht mehr genügend Raum und Tiefe für die Ausmaße der weiterentwickelten Großkampfschiffe. Daher wurde sie von 1907 bis 1914 nochmals ausgebaut, was weitere 242 Millionen Mark kostete. Die neue Schifffahrtsstraße hieß zunächst Kaiser-Wilhelm-Kanal. Im Jahr 1948 wurde sie in Nord-Ostsee-Kanal umbenannt.

Kanalmuseum „Atrium" und Tourist-Information
Gustav-Meyer-Platz 2
25541 Brunsbüttel
T. 04852 88 52 13
schleuseninfo.de/
kanalmuseum-atrium

Italienisches Restaurant nahe der Schleusen: Picasso
Familiär und mit heimeligen Außenplätzen
Koogstraße 17
25541 Brunsbüttel
T. 04852 94 09 44

Aussichtsreiches Baden zwischen Nord-Ostsee-Kanal und Braake

Von den Schleusen in Brunsbüttel führt ein lauschiger Promenadenweg an der Kanaleinfahrt entlang bis zur Elbe. Dort, wo beide Wasserstraßen sich vereinen, verbirgt sich auf einer Halbinsel ein besonderes Freibad. Wer über den Zaun guckt, wird zwar feststellen: So ungefähr sehen doch viele Freibäder aus. Doch das, was dieses von anderen unterscheidet, ist der Blick hinaus. So nah am Ufer liegt das Freibad Ulitzhörn, dass die in den Kanal ein- und auslaufenden Ozeanriesen zum Entern nah scheinen. Ein

Schwimmen mit Aussicht, da könnte man glatt das Luftholen vergessen.

Badevergnügen mit einmaliger Aussicht also. Diese können Vorbeispazierende auch von einer zur Pause einladenden Wiese aus genießen, die sich bis hin zum Ende der Mole vor dem Freibad erstreckt. Die Halbinsel bilden der Nord-Ostsee-Kanal und die Braake – ein 3,5 Kilometer langer Fluss, der mitten durch das Zentrum von Brunsbüttel verläuft. Entlang seiner Ufer lässt sich die Tour fortsetzen. An der Koogstraße rechts abbiegend geht es auf einem anderen Weg wieder zurück zu den Schleusen.

Der Name Braake bedeutet übrigens so viel wie „Bruch" oder „gebrochen". Er rührt in diesem Fall daher, dass hier während der verheerenden Weihnachtsflut im Jahre 1717 der Damm auf einer Länge von etwa 100 Metern überspült wurde, wodurch dieser Fluss sich bildete.

Freibad Ulitzhörn
Ulitzhörn 3
25541 Brunsbüttel
T. 04852 22 08
freizeitbad-brunsbuettel.de

Per Hebelkraft unterwegs

In St. Michaelisdonn, der ältesten Gemeinde Dithmarschens, startet ein ungewöhnliches Verkehrsmittel: Auf neun historischen Gleiskilometern geht es strampelnd nach Marne. Die Strecke folgt dem Verlauf der alten Marschenbahn. Anstelle der Züge rollen hier nun Fahrraddraisinen durch die Landschaft, vorbei an für die Westküste typischen Marschweiden und Windkraftanlagen. Bei einer Fahrt in Windrichtung können die Draisinen auch mit Stecksegeln betrieben werden, so ist das Erlebnis auch ohne Kraftanstrengung möglich. Jeweils von Mai bis Oktober können Ausflügler die Marschbahndraisinen nutzen. Alle, die nach der Fahrt noch Energie haben, leihen sich an der jeweiligen Endstation ein Fahrrad, um die Sehenswürdigkeiten und charakteristischen Landschaften der Umgebung zu erkunden.

Bei ordentlich Rückenwind heißt es sogar Segel hissen für die Fahrt von St. Michaelisdonn nach Marne.

Am Ziel angekommen lohnt es sich, die Dithmarscher Brauerei zu besichtigen. Die dort angebotene „Abenteuertour" lässt sich schön mit der Draisinenfahrt verbinden.

Wer zufällig zur Karnevalszeit in Marne ist, könnte sich verwundert die Augen reiben: Am Rosenmontag herrscht hier ein Ausnahmezustand wie in den Hochburgen am Rhein. Tausende von Narren aus dem ganzen Land tanzen ausgelassen auf den Straßen und „Kamelle" (Bonbons) fliegen von den geschmückten Wagen. Der bunte Umzug durch die Innenstadt ist einmalig in Schleswig-Holstein. Mit mehr als 50 Wagen und reichlich Fußvolk ist er einer der größten Karnevalsumzüge im Norden.

Selbstverständlich gehört auch in Marne die einläutende Erstürmung des Rathauses dazu. So feiert man hier den Karneval schon seit den 1950er Jahren. Nur eins ist anders als am Rhein: Der Narrenruf lautet hier nicht „Helau" oder „Alaaf", sondern „Marn hol fast!". Bekannter aber ist die Ortschaft für die Brauerei, von der das Dithmarscher Bier kommt – mit Bügelverschluss, so wie es Flensburg vorgemacht hat. Der Familienbetrieb ist schon seit mehr als 130 Jahren die einzige Privatbrauerei an der Westküste Schleswig-Holsteins und bietet auch Brauereibesichtigungen an.

Marschenbahn-Draisine
Bahnhofstraße 41
25709 Marne
T. 04853 88 16 510
marschenbahn-draisine.de

Informationen zur **Marner Karnevals Gesellschaft** unter:
marnholfast.de

Dithmarscher Brauerei
Oesterstr. 18
25709 Marne
T. 04851 962-0
dithmarscher.de

Auf dem Trischendamm

50

Der schmale Pfad auf dem Steinwall führt zunächst mitten durch die Salzwiesen. Dann ist deren Grün nur noch auf der linken Seite zu sehen, während rechts das Schlickwatt grüßt. So klar trennt der Damm das Land vom Wasser. Der schnurstracks verlaufende Pfad scheint irgendwo im Nirgendwo zu enden. Man möchte auch gar nicht aufhören, durch diese einmalige Symmetrie der Natur zu laufen, „wo ein Pfahl, in einfacher Fläche stehend, ein Monument wird", wie der norddeutsche Maler Emil Nolde (1867–1956) einmal treffend die Landschaft am Wattenmeer beschrieb. Man möchte auch gar nicht aufhören, diese würzige, belebende Luft einzusaugen. Die Vegetation wird weniger, das Meer wird immer mehr. Schließlich fühlt es sich beinahe so an, als spaziere man wie Jesus über das Wasser. Irgendwann endet der Damm dann doch und

Ganz am Ende ist das Meer zu erahnen. Wer die 2,2 Kilometer auf dem Trischendamm spaziert, wird es finden.

beim Blick nach vorn zeigt sich die Bohr- und Förderinsel Mittelplate, das größte Erdölfeld Deutschlands. Ursprünglich lagerten hier in 2000 bis 3000 Metern Tiefe 120 Millionen Tonnen des schwarzen Goldes; rund ein Viertel davon wurde seit 1987 bereits zutage gefördert. Die zu Wintershall Dea gehörende Bohrinsel liegt sieben Kilometer vor der Küste. Wer dem Pfad auf dem Trischendamm gefolgt ist, steht nur noch weniger als fünf Kilometer davor.

Ab der Spitze einer kleinen Halbinsel von Friedrichskoog führt der 2,2 Kilometer lange Wanderweg mitten ins Biosphärenreservat Wattenmeer hinein. Entlang der Strecke informieren Schautafeln über diesen besonderen Lebensraum und seine Bewohner sowie die Erdölgewinnung. Geschaffen wurde der heute auch bei Urlaubern beliebte Damm zum Schutz gegen das beständig am Land nagende Meer, als in den 1930er Jahren ein gefährlicher Priel den Deich in Friedrichskoog-Spitze unterspülte und sich nicht aufhalten ließ – trotz aller baulichen Maßnahmen, die man hier in den vergangenen hundert Jahren bereits ergriffen hatte, um Mensch und Tier vor Sturmfluten zu schützen. Nun blieb nur noch die Möglichkeit, den gefräßigen Wasserlauf in mühseliger Handarbeit zu durchdämmen und seine Strömung abzuleiten.

Rund 16000 Tonnen Basaltsteine aus der Rhön wurden für den Bau des Damms verwendet. Weil das Deckwerk mit Asphalt befestigt wurde, ist ein gut begehbarer Spazierweg entstanden. In der Sommersaison können Gäste an geführten Wanderungen auf dem Trischendamm teilnehmen. Von dessen Ende aus ist bei kristallklarer Sicht auch die zehn Kilometer von der Küste entfernte Insel Trischen zu erkennen. Das vom NABU betreute Eiland gilt als einmaliges Vogelparadies und darf nicht betreten werden.

Frisch vom eigenen
Kutter: Restaurant-Bistro
Krabbenstübchen
Schleusenweg 12
25718 Friedrichskoog
T. 04854 90 97 500
(Reservierungen)
krabbenstuebchen.de

Ganz und gar nicht zum Heulen

Ungefähr ein Kilometer südöstlich des Trischendamms lohnt sich ein Besuch der Einrichtung, für die Friedrichskoog weitaus bekannter ist: In der Seehundstation können Gäste sich ganzjährig über Seehunde, Kegelrobben sowie andere Meeressäuger weltweit informieren und auch einiges über die Biologie, Gefährdungen und Schutzmaßnahmen im Lebensraum Wattenmeer erfahren. Dies ist die einzige autorisierte Aufnahmestelle für verlassen oder erkrankt aufgefundene Robben in Schleswig-Holstein. Als gemeinnütziger Verein finanziert sie sich komplett aus Eintritts- und Spendengeldern.

Auch einige Heuler, von der Mutter verlassene Jungrobben, leben in der Seehundstation Friedrichskoog. Damit sie später wieder problemlos ausgewildert werden können, sind diese Tiere von den Besuchern abgeschirmt. Zu besichtigen ist dafür ein großes Seewasserbecken mit Seehunden und Kegelrobben, die dauerhaft hier untergebracht sind, weil sie in Gefangenschaft geboren wurden oder es aus anderen Gründen nicht möglich wäre, sie problemlos wieder in ihren ursprünglichen Lebensraum zurück zu bringen. Ihr wohliges Treiben lässt sich von Aussichtspunkten aus beobachten. Den kompletten Überblick bietet ein 17 Meter hoher Turm.

Was einige Strand- oder Wattwanderer nicht wissen: Bei den anrührenden Rufen der Heuler handelt es sich keineswegs um ein Weinen oder Klagen. Vielmehr sind dies die normalen Kontaktlaute der Robbenbabys, mit denen sie nach den Muttertieren rufen. Daher gilt, auch wenn es schwerfällt und ein einsam aufgefundenes Junges verzweifelt wirkt, es einen obendrein mit seinen großen Kulleraugen anschaut: auf keinen Fall das Tier berühren oder es gar mitnehmen. Dies alles wäre kontraproduktiv und der Heuler hätte dann kaum noch eine

Chance, vom Muttertier wieder angenommen zu werden. Wer indes die Seehundstation oder eine Nationalparkstation über den Fund informiert, tut wirklich etwas Gutes. Die Erlebnisausstellung in Friedrichskoog bringt Gästen die Heuler gewissermaßen dennoch näher: An Mitmach-Stationen kann man sich unter anderem die Rufe dieser Jungtiere anhören. Es gibt auch Events und Aktionen.

Auch die ausgewachsenen Seehunde und Seelöwen (einer im Bild) machen sich lautstark bemerkbar. In Friedrichskoog werden verletzte und verlassen aufgefundene Tiere betreut.

Seehundstation Friedrichskoog e. V.
An der Seeschleuse 4
25718 Friedrichskoog
T. 04854 13 72
seehundstation-friedrichskoog.de

Ein Dom ohne Bistum

An der Autobahn 23, zwischen Schafstedt und Heide, kündigt ein braun-weißes Schild den „Meldorfer Dom" an. Wer nun aber meint, hier – mitten im protestantischen Norden – gehe die Reise in ein Bistum, irrt. Meldorf ist kein Bischofssitz und auch nie einer gewesen. Genau genommen handelt es sich bei dem sakralen Bauwerk um die St.-Johannes-Kirche, doch verdient sie den würdevolleren Titel durchaus. So werden

auch Kirchen als „Dom" bezeichnet, die hinsichtlich ihrer Größe, historischen Bedeutung oder Architektur etwas ganz Besonderes sind. Genau dies ist in Meldorf der Fall, weshalb man hier auch stolz vom „Dom der Dithmarscher" spricht.

In dem 7500-Einwohner-Städchen steht das wohl bedeutendste sakrale Bauwerk der schleswig-holsteinischen Nordseeküste. Dieses wurde zwischen 1250 und 1300 als dreischiffige Basilika errichtet – mit einem dreijochigen Querhaus und einem plattgeschlossenen Chor. Nach einem großen Brand im Jahr 1866 erhielt es seine heutige äußere Gestalt. Größtenteils erhalten werden konnte das mittelalterliche Innenleben. Es bezaubern Gewölbefresken mit biblischen Motiven und Heiligenbildern aus dem 13. Jahrhundert, in ihrer Pracht und Anzahl zeugen sie vom Reichtum der damaligen, quasi autonomen Bauernrepublik Dithmarschen. Zu bewundern ist außerdem ein Passionsaltar von 1520 mit farbenprächtigen und vergoldeten Figuren. Das große

Die Meldorfer St.-Johannes-Kirche ist etwas Besonderes, weswegen sie zum „Dom" erkoren wurde.

Im Inneren der Kirche sind mittelalterliche Gewölbefresken zu bewundern.

bronzene Taufbecken stammt sogar aus der Gründungsphase der St. Johannes-Kirche. Alljährlich im Sommer werden hier verschiedene Konzerte dargeboten, ein ganz besonderer Kulturgenuss.

Das sakrale Bauwerk darf sich getrost mit der Bezeichnung Dom schmücken. Nur eine Kathedrale darf ihn niemand nennen, denn solche Bauwerke dienen tatsächlich als katholischer oder orthodoxer Bischofssitz.

Früher war dieses Gotteshaus zugleich ein Seezeichen, das Kapitäne zur Orientierung nutzten. Wie kann das sein? Meldorf liegt doch rund sechs Kilometer weit im Binnenland. Ganz einfach: Es war einmal anders. Im Laufe der Jahrhunderte rangen die Dithmarscher dem Meer durch Eindeichungen und Köge einiges an Land ab, sodass die Ortschaft ein großes Stück landeinwärts gerückt ist. Dafür können Ausflügler nun über die Hafenstraße durch die idyllische Marschenlandschaft bis an die Waterkant spazieren, vorbei am Kronenloch mit Aussichtspunkt und einer NABU-Nationalparkstation, einem bei Surfern beliebten Speicherbecken, dann den heutigen Meldorfer Hafen passieren, um schließlich die Badestelle Elpers-büttel mit FKK-Strand zu erreichen.

Bekannt ist Meldorf außerdem für einen sensationellen Fund: einundsechzig Goldmünzen in einem mittelalterlichen Keramikgefäß. Für ungefähr 700 Jahre verbarg sich dieser Schatz im Erdreich. Man entdeckte ihn zufällig bei Tiefbau-arbeiten auf dem Grundstück einer heutigen Bankfiliale in rund einem Meter Tiefe. Das war am 2. Juni 1955. Das Land Schleswig-Holstein besaß ein Vorkaufsrecht, weil der Gold-schatz kein Eigentum der Stadt Meldorf war. Also wurden die Münzen im Jahre 1957 an das damals noch im Aufbau befindliche Schleswig-Holsteinische Landesmuseum Schloss Gottorf übergeben und sind seither dort zu sehen.

Meldorfer Dom
St.-Johannes-Kirche
Nordermarkt
25704 Meldorf
kirche-meldorf.de/dom

Kulturkneipe „Bornholdt"
Zingelstraße 14
25704 Meldorf
bornholdt-meldorf.de

Eine kohlossale Region

Kohl, soweit das Auge reicht – willkommen in Dithmarschen!

Entlang der Bundesstraße 203 zwischen Heide und Büsum sowie an der abzweigenden Landstraße in Richtung Wesselburen/Eidersperrwerk sieht man es häufig: Kugelrundes Gemüse in allen Variationen auf Straßenständen verführt zum Anhalten. Aus gutem Grund ist diese Region auch als „Kohlkammer Deutschlands" bekannt, und mehr noch, sie bildet auch das größte geschlossene Kohlanbaugebiet Europas. Aus Dithmarschen kommen jährlich rund 90 Millionen Kohlköpfe der Sorten Rotkohl, Weißkohl und Wirsing. Sie gedeihen auf mehr als 3000 Hektar fruchtbarem Marschland.

Dies alles verdichtet sich in Wesselburen im Kohlosseum, einem Museum rund um den Kohl mit Informationszentrum und Bauernmarkt. Es ist untergebracht in einem prächtigen Backsteinbau mit filigranen Rundbogenfenstern direkt an der Hauptstraße der Ortschaft. Dieses wurde 1865 in der Gründerzeit errichtet, diente zunächst für die Zuckerherstellung und später als Sauerkrautfabrik. Heute informiert drinnen eine Ausstellung über die geschichtlichen Hintergründe des Kohls, seiner Anpflanzung und Verarbeitung. In der Krautwerkstatt können Besucher live erleben, wie Sauerkraut hergestellt wird. Ein Krautmeister führt vor, wie Bio-Natursauerkraut ohne Pasteurisieren in Handarbeit produziert wird. Natürlich gibt es anschließend eine Kostprobe.

Im Obergeschoss des Gebäudes ist auf einem riesigen Dachboden ein Ausstellungsbereich zur Kohlregion Dithmarschen zu finden. Gezeigt werden unter anderem historische landwirtschaftliche Geräte, eine Kücheneinrichtung und ein Klassenzimmer von anno dazumal. Der hauseigene Bauernmarkt im Erdgeschoss lädt zum Stöbern und Einkaufen ein. Im Angebot sind etliche Kohlderivate, etwa auch Sauerkrautschnaps oder Pflegeprodukte auf Kohlbasis. Kinder freuen sich über Kohl in Lolli-Form. Obendrein sind hier weitere Mitbringsel erhältlich, beispielsweise Sanddorn-Marmelade oder Kunst aus dem Watt.

Den Auftakt zur Saison im Frühjahr bildet seit 2001 das Kohlpflanzfest im Kohlosseum. Ein Erlebnis sind auch die Dithmarscher Kohltage: Alljährlich im Herbst werden die Anbaukultur und der Genuss des Gemüses hier groß gefeiert. Der Kreispräsident eröffnet die Veranstaltung traditionell mit dem Kohlanschnitt. Anschließend ist zu verkösten, was Dithmarscher Landwirte produzieren und die hiesigen Küchenmeister, Hausfrauen sowie Hobbyköche zu deftigen Speisen verarbeiten. Das erste Anschnittsfest gab es im Jahr 1987 auf dem Versuchsfeld der Gemüsezucht-Genossenschaften in Marne, heute die Rijk Zwaan Marne GmbH, eine Handvoll Leute war dabei. Anschließend begoss man das Ereignis in einer Gaststätte. In den folgenden Jahren fanden diese beiden Aktivitäten an verschiedenen Orten im Kreis Dithmarschen statt. Seit 2003 vereinen sich beide in einer Kompaktveranstaltung auf einem jährlich wechselnden Anschnitthof – mit mittlerweile bis zu 5000 Besuchern.

Kohlosseum und Dithmarscher Krautwerkstatt
Bahnhofstraße 20
25764 Wesselburen
T. 04833 45 890
kohlosseum.de
echt-dithmarschen.de

Dichterruhm in Dithmarschen

60

Sie schmeicheln, sie kosen, / Sie trotzen dem Tosen / Der Wellen, die Zweie in Eines verschränkt, / Wie die sich auch bäumen, / Sie glühen und träumen, / In Liebe und Wonne zum Sterben versenkt.

Nach innigem Gatten / Ein süßes Ermatten, / Da trennt sie die Woge, bevor sie's gedacht. / Lasst ruh'n das Gefieder! / Ihr seht euch nicht wieder, / Der Tag ist vorüber, es dämmert die Nacht.

So lauten die letzten beiden Strophen des Gedichts „Sie seh'n sich nicht wieder" von Christian Friedrich Hebbel (1813–1863), in dem es um zwei Schwäne geht. Nahe liegt jedoch, es getrost auch im auf den Menschen übertragenen Sinne zu interpretieren.

Liebesgedichte wie dieses und „Wenn die Rosen ewig blühten" zählen zu den Hauptwerken des Dichters und

In der Schreiberstube fand der aus einfachen Verhältnissen stammende Dichter Zeit und Muße, um die Bücher seines studierten Dienstherrn zu lesen.

Dramatikers, genauso wie die Trauerstücke „Agnes Bernauer" und „Maria Magdalena" oder Naturlyrik wie „Sommerbild" und „Herbstbild". Bekannt ist Hebbel auch für Balladen wie „Der Heideknabe" und „Liebeszauber" sowie sein Drama „Die Nibelungen", das als die bedeutendste Bearbeitung des berühmten Epos für die Bühne gilt. Veröffentlicht wurden außerdem Hebbels Tagebücher zu den Höhepunkten seines Schaffens, zu denen unter anderem seine literarischen Werke des Realismus zählen.

Was hat dies nun mit Dithmarschen zu tun? Deutlich wird es bei einer Fahrt durch Wesselburen: Ein Hinweisschild führt dort zum Hebbel-Museum, gewidmet dem großen Sohn der Stadt, der hier am 18. März 1813 als Sohn eines Tagelöhners geboren wurde und später weltweiten Ruhm erlangte. In der mit rund 3100 Einwohnern kleinsten Stadt Dithmarschens taucht der Name mehrfach auf. Es gibt eine Hebbelstraße, eine Friedrich-Hebbel-Schule, das Hebbelhaus und das besagte Hebbel-Museum.

Letzteres befindet sich im Gebäude der einstigen Kirchspielvogtei. Für den Amtsinhaber Mohl arbeitete Hebbel von 1827 bis 1835 zunächst als Laufbursche, später war er dort als Schreiber tätig. Dabei fand Hebbel in der Schreiberstube Zeit und Muße, Bücher seines studierten Dienstherrn zu lesen. Schon bald entstanden auch seine ersten eigenen Gedichte. Die heute in den Räumen untergebrachte Ausstellung würdigt das Schaffen Hebbels, der in der Jugend unter dem Pseudonym Dr. J. F. Franz schrieb. In zehn Räumen präsentiert sie sein Leben und Werk. Fünf historisch gestaltete Zimmer offenbaren die Lebensverhältnisse in Wesselburen zu Hebbels Zeiten und seinen Lebensstil in Wien, wo der Dichter seine erfolgreichsten Jahre verbrachte und im Jahre 1863 verstarb. In weiteren Bereichen sind Bilder, Handschriften und Dokumente zu besichtigen. Obendrein gehört zum Hebbel-Museum eine umfangreiche Bibliothek, die Literaturwissenschaftler aus aller Welt aufsuchen.

Hebbel-Museum
Österstraße 6
25764 Wesselburen
T. 04833 41 90
hebbel-museum.de

Gemütliche Einkehr: Restaurant und Café Ulmenklause
Traditionelle bis moderne
Dithmarscher Küche.
Am Markt 4
25764 Wesselburen
T. 04833 545 55 05
Mobil 0161 84 01 24 89
ulmenklause.de

Aristokratische Bauerngeschlechter

Während des Mittelalters war Dithmarschen geprägt durch die Ausbildung von einflussreichen Bauerngeschlechtern. Die zugehörigen Familien hatten es zu Reichtum gebracht und genossen ein hohes Ansehen. Ihren Anfang nahm diese Entwicklung durch genossenschaftliche Zusammenschlüsse für die gemeinsame Arbeit beim Deichbau. Besonders aufgrund beträchtlicher Überschüsse an Getreide entstand eine Art Bauernaristokratie, die von 1447 bis 1559 auch die „Achtundvierziger" stellte – ein Obergericht mit 48 auf Lebenszeit eingesetzten Richtern und das Selbstverwaltungsorgan der Bauernrepublik Dithmarschen.

Das hier geerntete Getreide wurde nach Hamburg, Lübeck und vor allem in die Niederlande ausgeführt. Die großen Hansestädte waren die Hauptabnehmer. Auch wenn es der Bauernrepublik nicht gelang, selbst Mitglied der Hanse zu werden, erreichte sie für die Freiheit ihres Handels immerhin einen gewissen Sonderstatus.

Um sich von der Allgemeinheit abzuheben, beanspruchten die etablierten Bauernfamilien auch auf dem Friedhof exponierte Positionen. Wie diese aussahen, ist in der Stadt Lunden zu sehen. Dort befinden sich auf dem zum Kulturdenkmal ernannten Geschlechterfriedhof insgesamt 67 Gräber, deren Geschichte sich bis ins späte Mittelalter zurückverfolgen lässt. Die bedeutsamen Grabplatten, Stelen und gemauerten Grabkeller verteilen sich auf einem einst vor Sturmfluten schützenden Hügel (einer „Warft"). Es handelt sich in diesem Fall um eine alte Düne. Alle noch sichtbaren Grabstätten wurden von Siedlungsgemeinschaften im 16. und 17. Jahrhundert errichtet. Darunter sind auch Gräber aus der Zeit der Dithmarscher Bauernrepublik. Eine große Infotafel vor der

Friedhofsmauer berichtet über Hintergründe und Besonderheiten einiger Gräber. Mittendrin erhebt sich die leuchtend weiße St.-Laurentius-Kirche (romanischer Feldsteinbau aus dem 12. Jhdt.), gerahmt von einer bis zu zwei Meter hohen historischen Mauer, die den Hochwasserschutz verstärkte und im Dänisch-Hanseatischen Krieg, auch als Dänisch-Lübischer Krieg bezeichnet (1509–1512), als Bollwerk diente.

Das Gräberfeld um die schlichte Lundener Kirche beeindruckt und hat eine besondere Geschichte.

Geschlechterfriedhof
P.-H.-Kühl-Platz
25774 Lunden
kirchengemeinde-lunden.de

NaTour-Centrum Lunden
Wilhelmstraße 18
25774 Lunden
T. 04882 55 45
museum-lunden.de

3

Nordfriesland mit Eiderstedt

Friedrichstadt

Klein-Amsterdam in Schleswig-Holstein

In Nordfriesland erinnert ein Städtchen an Amsterdam: Schmucke Häuser mit Treppengiebeln und niederländischen Fassaden säumen an Grachten erinnernde Wasserläufe, die hier Siele oder Burggräben genannt werden. Viele kleine Brücken und blumenreiche Gärten, vorbeiziehende Boote und Ausflugsschiffe vervollständigen die Szenerie. Das ist wohl einmalig in Deutschland, weswegen diese Ortschaft auch als Holländerstadt gilt. Ein Zufall ist dies keineswegs.

Es liegt an Herzog Friedrich III. zu Schleswig-Holstein-Gottorf (1597–1659) und ereignete sich im 17. Jahrhundert. Am Zusammenfluss von Eider und Treene würde sich ein großer Handelshafen wie in Tönning gut machen, war seine Idee. Und nicht nur das: Mit einem solchen Hafen wäre sein Land der Mittelpunkt einer Handelslinie von Spanien über Russland nach Ostindien. Um gute Leute für den Aufbau zu haben, machte er Glaubensflüchtlingen aus den Niederlanden ein Angebot: Die sogenannten Remonstranten erhielten hierzulande Religionsfreiheit und wirtschaftliche Privilegien. Zudem sollten Niederländisch als Amtssprache und eine Verwaltung nach dem Vorbild von Amsterdam und Leiden eingeführt werden.

Die Remonstrantische Bruderschaft – so hieß diese Gemeinde damals – war 1619 in den Niederlanden gegründet worden. Ihre ersten Mitglieder plädierten für allgemeine Glaubensfreiheit und Toleranz innerhalb der Kirche. Doch schon bald nach ihrer Gründung wurde die Glaubensgemeinschaft in den Niederlanden verboten. Das Angebot des Herzogs aus

Treppengiebel neben Wasserwegen: Im südlichen Nordfriesland sieht es aus wie in den Niederlanden, wunderschön zu erleben bei einer Bootstour.

Herzog Friedrich III. zu Schleswig-Holstein-Gottorf (1597–1659) gewährte den Remonstranten einige Vorteile – dafür errichteten sie ihm ein schmuckes Holländerstädtchen.

dem Nachbarland kam ihren Mitgliedern daher gerade recht. Als Gegenleistung sollten die als Kaufleute erfolgreichen Holländer ab 1621 eine repräsentative Stadt errichten. So geschah es dann auch. Es entstand und blieb ein schmuckes Städtchen nach niederländischem Vorbild, benannt nach seinem adligen Gründer, auch wenn dessen große Pläne letztlich scheiterten und der Hafen von Tönning noch heute bedeutsamer ist.

Auch eine Kirche errichteten die Remonstranten. Von dem ursprünglichen, 1850 im deutsch-dänischen Krieg zerstörten Gotteshaus ist der Friedhof geblieben, genauso wie der bereits 1854 fertiggestellte Nachfolgebau. Er steht in der Prinzeßstraße und ist noch immer der Ort, an dem die Gläubigen zum Gottesdienst zusammenkommen. Denn eine remonstrantische Gemeinde ist Friedrichstadt unverändert, und zwar die einzige in Deutschland. Ihre rund 200 Mitglieder werden von einem niederländischen Pastor aus Groningen betreut.

Mehr über die Hintergründe dieser besonderen Stadt erfahren Interessierte im Museum Alte Münze. Es lohnt sich auch, das prachtvolle Gebäude aus der Renaissance von außen zu bewundern. Im Jahre 1626 errichtet, diente es zunächst als Speicher für den adligen Statthalter Adolph van Wael. In den folgenden Jahrhunderten wurde es als Kirche, Bibliothek und schließlich für die Touristinformation genutzt. Nach einer umfassenden Sanierung zog 1995 das städtische Museum ein. Darin informiert eine Ausstellung auf drei Etagen zu den Themen Stadtgründung, Religionsvielfalt und Alltagsleben.

Für Besucher lässt sich die „Holländerstadt" noch jede Menge mehr einfallen – aktuell etwa den spannenden Kriminalfall „Wer hat Hendrik van der Voort ermordet?": Der leblose Körper des Grachtenschiffers wurde nahe seinem Anleger aus der Gracht geborgen. Nach ersten Untersuchungen steht fest: Das war kein Unfall, sondern Mord. Alle, die sich an der Lösung des Falls beteiligen möchten, können den Krimi-Trail über die Homepage der Stadt buchen und mit den Ermittlungen starten.

Grachtenfahrten
Am Deich
25840 Friedrichstadt
T. 04881 93 75 97
grachtenfahrt.de

Museum Alte Münze
Am Mittelburgwall 23
25840 Friedrichstadt
T. 04881 87 422
museum@friedrichstadt.de
friedrichstadt.de/poi/museum -alte-muenze

Mutige Namensgeberin eines Naturzentrums

„Du kannst es tun und ich will es unterstützen, aber mache unserem Namen keine Unehre", mit dieser verhaltenen Antwort reagierte der Fabrikant Hans Hähnle auf die Ankündigung seiner Gattin, dass sie den Vorsitz des neuen Bundes für Vogelschutz (BfV) übernehmen wolle. Auch andere Herren sollen die Stirn gerunzelt haben: Karitatives Engagement neben der alleinigen Mutterrolle schön und gut, aber doch nicht in diesem Ausmaß. Man schrieb das Jahr 1899 und außer Lina Hähnle (1851–1941) gab es kaum Freiwillige, die dieses Ehrenamt bekleiden wollten.

Die Mutter von sechs Kindern setzte sich durch. Sie führte den Verband 38 Jahre lang und machte ihn zur größten Naturschutzorganisation Deutschlands, später umbenannt in den Naturschutzbund Deutschland e.V., kurz NABU. Obwohl es im Deutschland der Kaiserzeit noch nicht einmal ein Wahlrecht für Frauen gab, war die Umweltaktivistin im Bewusstsein der Öffentlichkeit präsent. Ihren gutbürgerlichen Status nutzte sie gezielt, um Fürsten, Herzöge, Schriftsteller und Wissenschaftler für ihre Arbeit zu gewinnen.

So gelang es ihr 1908 eine Verschärfung des Reichsvogelschutzgesetzes durchzusetzen, sechs Jahre später gefolgt von einem Abschussverbot aller Paradiesvogelarten in Neuguinea. Zu ihrer Verwandtschaft gehörte auch eine andere starke Frau: ihre Nichte Margarete Steiff. Sie soll ihrer Tante Lina zu Weihnachten 1880 fünf Filzelefanten verkauft haben. Es waren die ersten Exemplare der inzwischen berühmten Stofftiere mit dem Knopf im Ohr.

Eine entschlossene Frau: Ende des 19. Jahrhunderts engagierte sich Lina Hähnle für den Naturschutz und begründete damit auch den NABU.

Rund drei Kilometer nördlich des Eidersperrwerks liegt etwas versteckt die zum NABU gehörende Nationalpark-Station Lina-Hähnle-Haus, Katinger Watt. Zu dem Naturzentrum gehört eine liebevoll gestaltete Ausstellung. Sie informiert über die dort vorkommenden Tiere und Pflanzen und den Lebensraum des UNESCO Weltnaturerbes Nationalpark Wattenmeer. Außerdem ist Einiges über die Geschichte der Eider und die Entstehung des Katinger Watts zu erfahren. Letzteres ist ein besonderes Revier: Hier befindet sich die seit 1967 eingedeichte Watt- und Salzwiesenlandschaft der Eidermündung. Das im selben Jahr fertiggestellte Eidersperrwerk schützt die dahinter liegenden Gebiete vor großen Sturmfluten. Unter der Obhut des NABU entwickelte sich das Gelände zu einem Vogelschutzgebiet, bildet nun einen Lebensraum für Vogelarten wie Säbelschnäbler, Kiebitz und Graugans. Seeadler ziehen hier ihre Jungen auf. Die Landschaft ist geprägt von Orchideenwiesen, Weiden und Wäldern. Vor den Dämmen haben auch neue Salzwiesen ihren Platz gefunden.

Im Katinger Watt befinden sich auch Beobachtungshütten. Wer die Vogelwelt ganz nah erleben möchte, ohne die Tiere zu stören, kann sich im NABU Zentrum ein Fernglas oder Spektiv ausleihen. Außerdem führen fünf Wandertouren durch das Gebiet. Die Routen sind auf der NABU-Homepage beschrieben.

Krabben vor eindrucksvollem Küstenschutz: Eidersperrwerk
Die frisch belegten Fischbrötchen von Familie Rohr sind legendär, die Ausblicke spektakulär. Etwa acht Kilometer nördlich von Wesselburen, schöne Rast auf dem Weg nach Sankt Peter Ording.

Aussichtspavillon am Eidersperrwerk und Fischbistro
Katinger Watt 1
25764 Wesselburenerkoog
T. 04833 25 87 (Aussichtspavillon mit Fischimbiss),
T. 04833 42 50 996 (Fischbistro)
rohr-eidersperrwerk.de

NABU Naturzentrum Katinger Watt (Lina-Hähnle-Haus)
Katingsiel 14
25832 Tönning
T. 04862 80 04
nabu-katinger-watt.de

Nordseeidylle pur: Badestelle und Imbiss Vollerwiek
Versteckt am Deich nahe dem Katinger Watt, grüner Strand (DLRG-überwacht).
Seit Sommer 2021 bringen die neuen Pächter Finn Levens und Stephan Bünsow frischen Wind und Bio in das beliebte Ausflugslokal, mit Klavier für spielfreudige Gäste.
vollerwiek.de/Aktuelles/Imbiss

Wohngemeinschaft mit Theodor Storm

Sie haben denselben Vornamen und lernten sich an der Christian-Albrechts-Universität zu Kiel kennen. Von ihrem späteren Ruhm ahnten sie zu der Zeit noch nichts: Theodor Mommsen (1817–1903) und Theodor Storm (1817–1888) waren Kommilitonen im Studiengang der Rechtswissenschaften. Zusammen mit Mommsens jüngerem Bruder Tycho veröffentlichten sie 1843 „Das Liederbuch dreier Freunde", eine Sammlung schleswig-holsteinischer Lieder, Märchen und Sagen. Das Trio lebte zeitweilig auch zusammen in einer Wohnung.

Während sich Theodor Storm, der friesische Poet und Autor der berühmten Novelle „Schimmelreiter", heute noch großer Bekanntheit erfreut, rückt Theodor Mommsen in der breiten Öffentlichkeit eher in den Hintergrund – wohl, weil sein Werk spezieller ist. Er wurde allerdings als erster Deutscher mit dem Nobelpreis für Literatur ausgezeichnet. Diesen erhielt er 1902 für seine bis heute als wegweisend geltenden Publikationen zur römischen Geschichte und zum römischen Staatsrecht. Der Jurist und Historiker gilt als einer der bedeutendsten Altertumswissenschaftler des 19. Jahrhunderts.

Gewürdigt wird Mommsen in seinem Geburtsort Garding mitten auf der Halbinsel Eiderstedt. Dort steht er vor der St. Christians-Kirche in Form einer Büste. Mehr über das Leben und Wirken des aus eher ärmlichen Verhältnissen stammenden Gelehrten ist in dem Gebäude neben seinem Geburtshaus am Markt zu erfahren, in dem eine Gedenkstätte mit einer kleinen Ausstellung untergebracht ist.

Das knapp 2700 Einwohner zählende Garding ist quasi die „Hauptstadt" der Halbinsel Eiderstedt. Es liegt an der B 202 zwischen Tönning und St. Peter-Ording und bildet auch das kul-

Obwohl Theodor Mommsen als erster Deutscher den Nobelpreis für Literatur erhielt, blieb ihm größerer Ruhm verwehrt. In seinem Geburtsort Garding jedoch wird seine Leistung gewürdigt.

73

turelle Zentrum der Region. Die vermutlich bereits im 12. Jahrhundert errichtete Kirche steht auf der höchsten Erhebung der Halbinsel. Ihr wuchtiger Turm ist der höchste Punkt Eiderstedts und diente früher auch als Seezeichen.

Musikantenbörse
Sommerliches Musikfestival in Gardings Innenstadt, jedes Jahr an acht Abenden im Juli und August. Auf vier Bühnen werden Swing, Blues, Rock, Jazz und Folk gespielt. musik-fuer-garding.de

Theodor-Mommsen-Gedächtnisstätte
Markt 5
25836 Garding
T. 04862 17 267
kg@kirche-eiderstedt.de
garding.de

Das Erbe der ersten Giftbude

Vierundzwanzig Jahre stand sie wacker am Strand von St. Peter-Ording (SPO), hielt den im Rhythmus der Gezeiten heranrollenden Wassern und Wellen stand. Als das Temperament der Nordsee bei der Sturmflut von 1935 überschäumte, brachen ihre Pfähle. Doch die Giftbude lebte weiter. Sie läutete eine Tradition ein, die dem beliebten Ferienort ein Alleinstellungsmerkmal und Markenzeichen brachte: Insgesamt 4000 Pfähle sind heute an den verschiedenen Badestellen von „SPO" eingespült. Sie tragen mehrere Restaurants, die Gebäude der Wasserwacht und Toilettenhäuser.

Ungefähr 40 Jahre nach dem Ende der ersten Giftbude wurde an derselben Stelle am Strand vom Ortsteil Ording ein neuer Pfahlbau errichtet. Noch immer befindet sich darin das Strandcafé „Silbermöwe", in dem Badegäste Fischgerichte und Anderes genießen können. Es erinnert daran, was die Bezeichnung der Strandhütten auf den bis zu sieben Meter hohen Pfählen bedeutet: Nicht etwa, dass man sich hier an irgendetwas vergiften könnte. Vielmehr steht er für die im Norden schon vor mehr als 100 Jahren verbreitete Sitte, dass es hier „wat geev", wie es auf Plattdeutsch heißt. Ursprünglich also dienten die aus Lärchenholz gefertigten Bauten ausschließlich dazu, die Strandbesucher mit Speis und Trank zu versorgen. Als im Verlauf des 20. Jahrhunderts weitere Pfahlbauten errichtet wurden, kamen auch solche hinzu, in denen Umkleidekabinen und die Badeaufsicht untergebracht waren. Noch heute prägen die Strandhäuser auf Stelzen die Szenerie an den vier Strandabschnitten St. Peter-Ordings, die sich jeweils in den Ortsteilen Ording, Bad, Dorf und Böhl befinden. Diese vier Namen trugen bereits vier der fünf Dörfer, aus denen der Küstenort im Laufe der Zeit zusammengewachsen ist. Das fünfte im Bunde hieß Brösum.

Surfen und Strandsegeln
Wassersportcenter X-H2o
Ortsteil / Strandabschnitt Ording
(mit großem Parkplatz direkt am
Strand)
x-h2o.de

Im Pfahlbau: Strandbar 54° Nord
Strandweg 999 (Ortsteil Ording,
direkt am Wasser)
25826 St. Peter-Ording
T. 04863 47 81 75
strandbar-54grad-nord.de

**Sauna mit Meerblick:
Dünen-Therme**
Maleens Knoll 2 (im Ortsteil Bad)
25826 St. Peter-Ording
st-peter-ording.de

**Strandcafé und Imbiss
Silbermöwe**
Ordinger Sandbank
25826 St. Peter-Ording
T. 04863 12 22
jan@silbermoewe-spo.de
silbermoewe-spo.de

Pfahlbauten als Wahr-
zeichen: Nirgendwo
sonst an der Nordsee-
küste sieht es aus
wie in St. Peter-
Ording.

Strandleichen im Schipperhus

Den historischen Kern von St. Peter-Ording bildet heute der zentrale Ortsteil Dorf. Hier steht auch die namensgebende Kirche St. Peter, erstmals urkundlich erwähnt im Jahre 1367. Sie trägt nur ein zierliches Türmchen auf dem Dach und die Glocken sind in einem hölzernen Glockenstapel neben der Kirche untergebracht. Ganz in der Nähe, zwischen den Straßen Badallee und Südstrand, können Besucher auf der Historischen Insel eine Zeitreise unternehmen. Hier befinden sich einige Gebäude, die aussehen wie anno dazumal. Mitglieder der AG Orts-Chronik gestalteten kulturhistorisch bedeutsame Anlagen, wie sie einst typisch und nützlich für die Region waren – unter anderem den Nachbau eines Backhauses, in dem es an Aktionstagen frisch gebackenes Brot gibt. Der Eiskeller erinnert

Auf der Museumsinsel im Ortsteil Dorf können Besucher in die Geschichte von St. Peter-Ording eintauchen. Im Schipperhus wurden Strandleichen verwahrt.

an Zeiten, als die hiesigen Hotels noch ohne Elektrizität und Kühlschrank auskommen mussten, was bis 1928 der Fall war. Das „Schipperhus" wiederum hat eine gruselige Geschichte: Hier wurden am Strand aufgefundene Leichen verwahrt, um herauszufinden, woher diese stammten und um den jeweiligen Menschen zu identifizieren. Häufig handelte es sich um einen Seemann aus der Nachbarschaft. An der Nordseeküste soll es nur in St. Peter-Ording solch ein Gebäude gegeben haben. Die Historische Insel bestücken außerdem weitere Schaustücke wie etwa der Vierrutenbarg (eine offene Erntescheune) und das „Eiderstedter Heck" – ein Eingangstor zu einer Wiese oder einer Hofeinfahrt mit fünf Querbrettern (Schleten) und zwei zum Dreieck geordneten Diagonalsprossen (Schrägklampen).

Das sogenannte „Eiderstedter Heck", ein weiteres Schaustück auf dem Ausstellungsgelände.

Weitere Informationen:
chronik-spo.de

Historische Insel mit
Schipperhus
AG Orts-Chronik
Badallee 56 (im Souterrain)
25826 St. Peter-Ording
Do. 10–12 Uhr
T. 04863 18 16
archiv-spo@gmx.de
chronik-spo.de/historische-insel/schipperhus/

Spaziergang über einen Stockenstieg

78

Zum wohl schönsten
Leuchtturm der
Republik geleitet ein
historisch ebenfalls
bedeutsamer Pfad.

Der morastige Untergrund der Halbinsel Eiderstedt hatte seine Tücken. Für die Dorfbewohner war es früher, als es dort kaum Straßen gab, nicht einfach, trockenen Fußes zur Kirche oder Schule zu gelangen. Selbst Kleinkram konnten sie nur auf den sandigen Nehrungen transportieren, ansonsten nur bei gefrorenen Böden im Winter oder im Sommer, wenn die Kleierde hart getrocknet war. Doch die Menschen waren erfinderisch und legten Klinkerwege zwischen den Häusern an, sogenannte Stockenstiege. Der Begriff rührt daher, dass über einen Graben jeweils ein Steg („Stock") führte – meist ein Brett oder eine einfache Planke mit einem Handlauf. Das friesische Wort „Stieg" bedeutet so viel wie „kleiner Weg". In jedem Dorf gab es einen Stockrichter, der Aufsicht über diese Wege führte.

Das letzte noch existierende Beispiel dieses traditionellen friesischen Wegebaus ist am eindrucksvollen Leuchtturm Westerhever zu entdecken. Es handelt sich dabei um eine Verbindung, der einst die Leuchtturmwärter folgten. Der heute denkmalgeschützte Pfad ist 1,2 Kilometer lang, 45 Zentimeter schmal und führt über drei kleine Holzbrücken. Besucher können ihm außerhalb der Rastzeit der Zugvögel folgen, also jeweils von Juni bis September. Zwei Personen können sich auf dem Klinkerweg nicht begegnen, ohne danebenzutreten, was den empfindlichen Lebensraum der Salz-

wiesen schädigen würde. Deswegen ist nur das Begehen vom Leuchtturm Richtung Deich gestattet. Für die andere Richtung gibt es den regulären, asphaltierten Weg, der in Biegungen um das naturgeschützte Gebiet führt.

Leuchtturm und Stockenstieg wurden ab dem Jahre 1906 gebaut. Automatisch arbeitet das Leuchtfeuer seit 1979. Bis dahin mussten Wärter dafür sorgen, dass es lief. Sie wohnten in den baugleichen Häuschen zu beiden Seiten des Turms, die zusammen mit dem rot-weiß-geringelten Turm ein äußerst fotogenes Ensemble bilden. Heute beherbergen die Zwillingshäuschen die Schutzstation Wattenmeer mit einer kleinen Ausstellung. Zu besichtigen sind Aquarien mit Nordseebewohnern, es gibt eine Forscherecke und viele Informationen zum Thema Naturschutz. Im Außenbereich des Leuchtturms gibt es Sitzbänke, Kräuterkästen und ein „Fenster zur Nordsee" in einer Holzwand. Um auf den Turm zu gelangen, sind 157 Stufen zu bewältigen. Belohnt wird die Mühe mit einer großartigen Aussicht über weite Teile der Halbinsel Eiderstedt sowie das Wattenmeer mit den Nordfriesischen Inseln und Halligen.

Leuchtturm Westerheversand mit Ausstellung
Im Leuchtturm kann auch geheiratet werden.
25881 Westerhever
westerhever-nordsee.de

Friesische Schafskäserei
Demonstrationsbetrieb des ökologischen Landbaus mit Bioland-Hofladen, Führungen für Interessierte.
Kirchdeich 8
25882 Tetenbüll
T. 04862 348
friesische-schafskaeserei.de

Warum Tine hier anders hieß

Auf die Frage, warum der Bildhauer ausgerechnet sie ausgewählt habe, soll Dora Fuchs später geantwortet haben: „Weet ick ok nie, aber ick har damals je woll en gude Figur." Die 23-Jährige, geboren 1878 in Husum, arbeitete in einem Hotel in der Großstraße, als er sie ansprach und bat, ihm Modell zu stehen. Adolf Carl Johannes Brütt (1855–1939) hieß der Künstler, und er war kein Unbekannter. Drei Jahre zuvor hatte er bereits die Theodor-Storm-Büste im Schlosspark geschaffen. Nun war er in seiner Heimatstadt unterwegs und ließ sich für die Gestaltung einer Brunnenskulptur inspirieren. Eine Halligbäuerin sollte es werden, wusste er schon bald, und jetzt hatte er eine junge Frau gefunden, deren Äußeres perfekt zu der Idee passte.

Der Bildhauer Adolf Carl Johannes Brütt (1855–1939).

Achselzuckend sagte Dora Fuchs zu – nicht ahnend, dass ihr Abbild mehr als hundert Jahre später von etlichen Touristen bewundert und fotografiert werden würde. Heute ist der „Tine-Brunnen" zentrale Zierde und ein Wahrzeichen Husums auf dem Marktplatz. Die Statue verkörpert ein unbekanntes Fischermädchen in derber Kleidung und schwere holländische Holzpantinen tragend. Es hält ein Ruder in seiner rechten Hand, den Blick in Richtung Hafen und Nordsee gerichtet. So ist die Brunnenfigur auch ein Sinnbild für die Blütezeit der Hafenstadt, als Handel und Schifffahrt vielen Menschen Wohlstand brachten. Allerdings passten die Holzschuhe ganz und gar nicht in dieses Bild, meinte das Denkmalskomitee, als es den ersten Entwurf beurteilte. Diese machten einen ärmlichen Eindruck, obendrein waren sie nicht typisch für die Region. Adolf Brütt sollte dies ändern und die junge Frau in richtigen Schuhen darstellen. Der Bildhauer aber ließ sich nicht beirren. In einem am 13. August 1902 verfassten Brief an Bürgermeister Adolf

Menge stellte er klar, „daß man niemals in einem hübschen, jungen und gesunden Weib, es mag anhaben, was es will, und wenn es Lumpen sind, die Armut erblickt, sondern den besten Reichtum, der auf der Welt zu haben ist". Offenbar überzeugte das die Stadtregierung, und so steht die Tine nun so auf dem Marktplatz, wie es von Anfang an vorgesehen war. Genau genommen ist es der Asmussen-Woldsen-Brunnen, so wurde er zu Ehren der beiden Stifter, Friedrich Woldsen und Anna Catharina „Tine" Asmussen, genannt. Weil wohl niemand sonst von Dora Fuchs wusste, wurde die Standfigur als Abbild der Wohltäterin interpretiert und so setzte sich der Name „Tine-Brunnen" durch.

81

Adolf Brütt machte sich auch einen Namen als Gründer der 1905 eröffneten Weimarer Bildhauerschule, die mit den Schwarzburger Werkstätten für Porzellankunst zusammenwirkte. Später nutzte das Bauhaus Weimar die Lehrwerkstätten und Meisterateliers. Das Gebäude zählt heute zum Weltkulturerbe der UNESCO.

Fischmarkt Husum am Kutterhafen
Rödemishallig 9
25813 Husum
husum-tourismus.de

Theodor-Storm-Zentrum (Storm-Museum)
Wasserreihe 31–35
25813 Husum
T. 04841 80 38 630
storm-gesellschaft.de

Als der Bildhauer Adolf Carl Johannes Brütt ein Modell für eine Halligbäuerin suchte, wählte er die unbekannte Dora Fuchs aus, ihr steinernes Abbild wird irrtümlicherweise als „Tine" bezeichnet.

Die deichfreie Geest: Unverbaute Nordseeblicke

Wer bei einer Autofahrt entlang der Nordseeküste das Meer sehen möchte, muss dafür meist erst einmal eins tun: anhalten und über den Deich laufen. Anders sieht es in Schobüll aus, einem nördlichen Ortsteil von Husum: Hier schweift der Blick schon von der Straße aus weit über die Nordsee und den Nationalpark Wattenmeer.

Und das hat geografische Gründe: In den anderen Regionen reicht die tief liegende Marsch bis an das Wasser, ohne schützende Deiche fräße die Nordsee sich bei jeder Sturmflut

Freie Sicht auf das Meer, das gibt es nirgendwo sonst an der Schleswig-Holsteinischen Nordseeküste.

weit ins Land hinein. Bei Schobüll hingegen ist es die hügelige, während der Eiszeit geformte Geest, sodass der Ortsteil höher liegt. Am Schobüller Berg steht das schon von Weitem sichtbare „Kirchlein am Meer", errichtet ab dem frühen 13. Jahrhundert, das auch lange Zeit als Seezeichen für Kurs auf Husum nehmende Schiffe diente.

Wer diese und andere schöne Eindrücke erleben möchte, nutzt am besten einen der durch das „Schimmelreiter-Land" verlaufenden Rundwanderwege. Zur Wahl stehen sieben Routen mit Streckenlängen von 11 bis 23 Kilometern, die durch die verschiedenen norddeutschen Landschaftsformen führen. Mal geht es direkt am Watt oder Wasser entlang, teils mitten durch die weitläufigen Marsch- und Geestlandschaften oder auch durch ein stilles Wäldchen. Ein Wanderführer mit detaillierten Wegangaben ist in der Tourist Information erhältlich. Start- und Zielpunkt ist jeweils der Marktplatz von Husum mit der schönen „Tine". So lässt sich die Wanderung mit einer Sightseeingtour durch die Stadt verbinden, in der unter anderem auch das Geburtshaus von Theodor Storm zu besichtigen ist.

Restaurant mit lokal-saisonaler Küche: „Glücklich am Meer"
Auch Ferienapartments
Altendorfer Str. 4
25813 Husum
T. 04846 60 14 888
gluecklich-am-meer.de

Kirchlein am Meer Schobüll
Kirchenallee 13
25813 Husum
T. 04841 4386
schobuell@kirchenkreis-nordfriesland.de
kirchlein-am-meer.de

Tourist Information Husum
Historisches Rathaus
Großstraße 27
25813 Husum
T. 04841 89 870
info@husum-tourismus.de
husum-tourismus.de

Wenn die schwarze Sonne
über dem Schilf aufgeht

84

Es ist beinahe eine Stimmung wie bei einem Open-Air-Musik-festival: Ganz viele Menschen strömen zum Beobachtungsplatz am Gotteskoogsee bei Niebüll, dem größten Koog Nordfries-lands. Ein Großteil davon ist aus dem benachbarten Dänemark angereist. Sie machen es sich auf ausgebreiteten Picknick-decken gemütlich, packen Wein und Smørrebrød aus und richten ihre Blicke gespannt zum Himmel. Dann ist es so weit, Zehntausende von Staren ziehen heran, formen in ihrem Flug große schwarze Gebilde, die immer wieder ihre Form ver-ändern. Mal ballt sich der ganze Schwarm zusammen, um sich vor einem Greifvogel zu schützen. Im nächsten Moment scheint er ganz unsichtbar zu werden, um dann plötzlich wie aus dem Nichts wieder aufzutauchen. Schließlich versinkt die „Schwarze Sonne" (auf Dänisch „Sort Sol") im Grün von Schilf und Wiesen, wenn sich die Vögel gemeinsam zur Nachtruhe niederlassen. Jeweils im Frühjahr und Herbst ist das besondere Naturschauspiel zu erleben.

Auch ansonsten ist das Süßwasserbiotop am Gotteskoogsee ein bedeutendes Vogelschutzgebiet. Hier zieht der Seeadler gern mal seine Kreise, und an lauen Frühsommerabenden ist der eindringliche Ruf der Großen Rohrdommel zu hören. Ein Wanderweg mit Info-Hütte verläuft durch einen Teil des Biotops. Das Naturkundemuseum Niebüll bietet Führungen durch das Gebiet an. Mit seiner multimedialen Erlebnisausstellung ist es allemal einen Besuch wert.

**Richard Haizmann Museum
für moderne Kunst**
Präsentiert wird eine Werkauswahl
des Bildhauers, Malers und
Grafikers Richard Haizmann,
der von 1934 bis zu seinem Tod
1963 in Niebüll lebte.
Darüber hinaus gibt es in
wechselnden Ausstellungen Kunst
der Klassischen Moderne sowie
der Gegenwart. Schwerpunkte
sind hierbei die Werke nord-
deutscher und skandinavischer
ebenso wie konstruktiv oder
konkret arbeitender Künstler.

Rathausplatz 2
25899 Niebüll
T. 04661 10 10
haizmann-museum.de

**Urige Einkehr mit Biergarten:
Wattwurm**
Hauptstraße 28
25899 Niebüll
T. 04661 88 54

**Naturkundemuseum Niebüll
(Nationalpark-Station)**
Öffnungszeiten Ausstellung
1. April–31. Oktober
Dienstag–Sonntag: 14:00 Uhr–
17:30 Uhr
Juni, Juli & August auch montags.
Und ganzjährig nach Absprache
(auch vormittags).
Hauptstraße 108
25899 Niebüll
T. 04661 56 91
info@nkm-niebuell.de
nkm-niebuell.de

Ein einmaliges Natur-
schauspiel: „Sort Sol",
der Schwarm der
Stare, am Gottes-
koogsee bei Niebüll.

4

Inseln und Halligen

Die „roten Diamanten" von Helgoland

„Grün ist das Land, rot ist die Kant, weiß ist der Sand, das sind die Farben von Helgoland." Dieser weit verbreitete Spruch bringt auf den Punkt, was Deutschlands einzige Hochseeinsel ausmacht, doch etwas ganz anderes Rotes geht dabei unter, das sich vor allem auf der vorgelagerten Badedüne versteckt. Gemeint ist ein Feuerstein (oder Flintstein), wie er nur auf Helgoland vorkommt.

An der Küste hat wohl fast jeder schon einmal einen der typischen Feuersteine aus anderen Regionen der Erde gesehen, die innen Schattierungen von Grau bis Schwarz aufweisen. Ganz anders präsentiert sich das Helgoländer Pendant, aufgeschlagen bezaubert es in verschiedenen Rottönen. Außen hat auch dieser Flintstein eine weiße und darunter eine graue Schicht. Er entstand vor rund 80 Millionen Jahren. Schon in der Jungsteinzeit und der frühen Bronzezeit erkannten die Insulaner den Wert des roten Feuersteins und handelten damit auf dem Festland. Genauso wie der schwarze wurde er zu Steinbeilen, Pfeilspitzen und Werkzeugen verarbeitet.

Heute bedeutet es für Helgoländer und ihre Gäste ein besonderes Glück, einen roten Flintstein zu finden. Er lässt sich zu wunderschönen Schmuckstücken verarbeiten, manche Menschen schreiben ihm auch eine heilende Wirkung zu. Auf die Suche machen darf sich jeder, allerdings verhält es sich ähnlich wie beim Bernstein an der Ostsee: Es erfordert jede Menge Geduld. Fündig werden kann man am Oststrand der Badedüne. Dieser besteht zu mehr als 80 Prozent aus Feuersteinen, allerdings vor allem aus schwarzen. Doch es verbergen sich die „roten Diamanten" darunter, wie diese besonderen Stücke vor Ort auch genannt werden. Der Haken an der ganzen Sache: Es dürfen keine Flintsteine am Strand zerschlagen werden, weil die messerscharfen Abschläge und Splitter eine große Verletzungsgefahr für Menschen und Tiere darstellen. So gehört auch einiges an Erfahrung dazu, die Juwelen in der Masse auszumachen. Genauso wie bei anderen Feuersteinen sind zudem auf natürliche Weise abgeschlagene Bruchstücke zu finden, jedoch seltener, weil sehr viele Sammler Ausschau danach halten.

Ein Feuerstein, wie er nur auf Helgoland zu finden ist.

Wer Gewissheit haben möchte, ob es sich um einen Schatz handelt, kann die gefundenen Steine in der „Bude 31" begutachten und sich dort auch beraten lassen. Hier bietet Jan Rickmer Ludwig täglich eine Feuerstein-Sprechstunde an. Wer kein Glück hatte oder mehr von den schönen Steinen möchte, kann in dem Geschäft auch verschiedene Schmuckstücke erwerben. Dazu werden die Roten Flintsteine mit der Diamantsäge in Scheiben zerteilt, poliert und dann von einem Silberschmied zu Anhängern, Ringen, Armreifen, Ohrringen, Broschen, Manschettenknöpfen und Gürtelschnallen verarbeitet. Jedes ist ein Unikat, weil sich alle Steinscheiben in Form und Färbung unterscheiden.

89

Die „Bude 31" gehört zu den Hummerbuden, farbenfrohen Holzhäusern im Hafen, die heute kleine Läden, Kneipen, Galerien und Cafés beherbergen und viele Touristen anziehen. In zwei weiteren von ihnen befindet sich der Sitz des Helgoländer Museumsvereins. Früher nutzten die Fischer der Nordseeinsel diese Buden als Schuppen und Werkstätten. Ursprünglich sahen die Häuschen uneinheitlich aus und verteilten sich an verschiedenen Orten der Insel. Nach dem Zweiten Weltkrieg entwarf der Hamburger Architekt Georg Wellhausen die seither im Hafen aufgereihten und nun sich ähnelnden Hummerbuden. Ihre neuen Farben gestaltete Johannes Ufer. Der Maler, Bildhauer, Raum- und Flächenkünstler lebte zuletzt ebenfalls in der Hansestadt Hamburg.

Die sogenannten Hummerbuden, farbenfrohe Holzhäuser im Hafen von Helgoland.

Bude 31
Hafenstraße 1011
27498 Helgoland
T. 04725 64 09 91
Mobil 0171 27 37 450
bude31-helgoland.de

Der Pinneberg und die Itzespitze

Ein herrlicher Blick auf Helgolands Badedüne bietet sich vom Pinneberg aus. Wie bitte, denken nun vielleicht einige Leser, denn nicht jedem ist bekannt, dass die Hochseeinsel zu diesem schleswig-holsteinischen Landkreis gehört und obendrein ihre höchste Erhebung so getauft wurde – sage und schreibe 61,3 Meter ragt sie über dem Meeresspiegel auf. Die Idee hatte im Jahr 1998 eine Gruppe von Inselgästen aus Itzehoe, allesamt Mitglieder des Deutschen Alpenvereins. So begeistert waren sie von der Bergkuppe auf dem Oberland, die sogar die berühmte Felsnadel „Lange Anna" um 15 Meter überragt, dass sie hinaufstiegen, ein Gipfelkreuz aufstellten und ihre

Das Gipfelkreuz auf dem „Pinneberg".

Entdeckung feierlich „Pinneberg" tauften. Im selben Jahr markierte die Bergsteigergruppe den höchsten Punkt des benachbarten Landkreises Steinburg, zu dem auch Itzehoe gehört, als Itzespitze (83,4 Meter), hinterließ dort ebenfalls ein Gipfelkreuz und sogar eine Kletterhilfe. Seit dem Jahr 2018 steht der Name offiziell in der topografischen Karte des Landesvermessungsamts. Zu finden ist die Itzespitze an der L121 zwischen Aukrug und Hennstedt. Auch der Pinneberg ist auf Karten eingetragen. Nachdem ihn 2013 Leser einer Lokalzeitung zum schönsten Platz des Landkreises Pinneberg gekürt hatten, griff das Helgoländer Tourismusmarketing die Bezeichnung auf. Bergsteiger können sich dort sogar in ein Gipfelbuch eintragen.

Beim Pinneberg handelt es sich um einen Krater. Er bildete sich am 18. April 1947, als die Briten auf Helgoland Bunkeranlagen sprengten – mit einer Wucht, fast halb so stark wie die der Hiroshima-Bombe. Die „Operation Big Bang" ging in die Geschichte ein. Nahe der Kuppe steht ein Radarturm der Bundeswehr, der auf Abbildungen während des Kalten Krieges per Retusche entfernt werden musste. Zu erreichen ist der Pinneberg über einen vom Klippenrandweg abzweigenden Trampelpfad. Wer auch die Aussicht auf die Lange Anna genießen möchte, braucht dem Hauptweg nur ein Stück weiter in Richtung Nordwesten zu folgen.

**Tourist Information vom
Helgoland Tourismus-Service**
Lung Wai 27
27498 Helgoland
T. 04725 80 88 08
helgoland.de

Genuss bei intelligentem Strom

Friesenwaffeln und hausgemachte Kuchen, untermalt von blökenden Schafen inmitten der Felder von Pellworm, können Besucher des SolarCafés Pellworm erleben. Es wurde so benannt nach dem einzigen „intelligenten Stromnetz" („Smart Grid") im Wattenmeer. Auf der auch landschaftlich besonders grünen Insel soll erneuerbare Energie dort genutzt werden, wo sie erzeugt wird. Dies funktioniert nach dem Prinzip „Für magere Zeiten etwas auf die hohe Kante legen": Das Hybrid-kraftwerk mit Windkraftanlage und Photovoltaikfeld soll zusammen mit weiteren Anlagen mehr Strom produzieren, als die rund 1.200 Einwohner der Insel benötigen. Die bei Starkwind und Sonne produzierte überschüssige Energie fließt in leis-tungsfähige Batterien, Heizungen oder Elektroautos. Wenn hin-gegen kaum Wind oder Sonne vorhanden ist, liefern die Batterien den Strom für die Inselbewohner.

Die lokale Speicherung von regenerativ erzeugtem Strom und der Betrieb des intelligenten Netzes wurden in den ver-gangenen Jahren auf Pellworm kontinuierlich erprobt und weiterentwickelt. Projektpartner sind dabei unter anderem die Schleswig-Holstein Netz AG und der E.ON-Forschungsverbund. Sie haben zusammen umfangreiche Speichertechnologien ent-wickelt, damit die Überschüsse vor Ort genutzt werden können. Ziel des Projektes „SmartRegion Pellworm" war es, Zahlen zu erheben und die Machbarkeit des „intelligenten Stromnetzes" zu erforschen, um zukünftig die Herausforderungen der Energiewende bewältigen zu können. Offiziell ist das Projekt abgeschlossen und die Batterien sind zurückgebaut worden. In einer zweiten Phase soll das Projekt fortgeführt werden, weil die Insel aufgrund des sehr hohen Anteils an erneuerbaren Energien für ein derartiges Projekt prädestiniert ist.

Geblieben ist das lauschige SolarCafé. Hier können Gäste friesische Getränke wie den „Pharisäer", die „Tote Tante" oder den Nordfriesischen Teepunsch „Seemanns Rumgrog" genießen. Alle, die lieber auf Alkohol verzichten, bestellen zum Beispiel ein Husumer Mineralwasser. Dazu gibt es täglich frischen Mittagstisch sowie warme und kalte Snacks, Waffeln, Eisbecher oder Kuchen. Gebacken wird nur mit Sonnenstrom.

SolarCafé
In de See 1a
25849 Pellworm
T. 04844 71 19 014
solarcafe-pellworm.de

„Sturmflut Warnung" und Hallig-Zeitreise

Wer vor einigen Jahren Hallig Hooge besuchte, hat es vielleicht noch „old school" auf einer Leinwand erlebt. Inzwischen wurde extra ein 75-Zoll-Fernseher angeschafft, damit maximal 85 Besuchern das Erlebnis besonders unter die Haut geht. Nun können alle den Hallig-Sturmflut-Film hochauflösend anschauen. Geblieben ist das besondere Ambiente: Als Kinosaal dient der historische Pesel, die gute Stube des denkmalgeschützten Reetdachhauses. Das Sturmflutkino auf der Hanswarft hat schon eine lange Tradition. Weil der Dokumentarfilm auf der Hallig bereits seit 1994 als ständige Vorführung läuft, ist er für einen Eintrag in das Guinnessbuch der Rekorde angemeldet.

Der neue Film „Sturmflut Warnung", ein 17-Minüter von Hallig-Bewohnerin Swantje Boyens, zeigt eindrucksvolle Aufnah-

Ein paar Häuser mitten im Meer: Die Bewohner von Hallig Hooge sind an „Land unter" gewöhnt. Besucher können Sturmfluten im Kino auf der Hanswarft nacherleben.

men der schweren Sturmfluten bei den Orkanen „Christian" und „Xaver", die im Jahr 2013 das nördliche Europa trafen. Wie immer bei solchen Ereignissen bedeutete dies „Land unter" für die Halligen Nordfrieslands. Gerade einmal hoch genug sind die Warften, künstlich aufgeschüttete Erdhügel, um selbst bei einer Sturmflut trocken zu bleiben. Höhere Deiche gibt es nicht, nur einige niedrige Sommerdeiche. Bei „Land unter" sind von den Halligen nur noch die Häuser sowie die auf einem Damm verlegten Gleise der Halligbahn zu sehen.

In dem gemütlichen Kinosaal ist auch eine 2020 eröffnete Ausstellung „Hallig Zeitreise" untergebracht, die außerdem die alte, liebevoll hergerichtete Hallig Küche mit einbezieht. Zu betrachten sind hier etliche alte Halligwerkzeuge, typische Gebrauchsgegenstände, Möbel, Geschirr und Gemälde – über Jahrzehnte von Familie Boyens gesammelt. Dazu zeigt ein kleiner Bildschirm alte Aufnahmen der Hallig aus den 1920er bis 1970er Jahren. Auf diese Weise können Besucher sehen, wie die ausgestellten Stücke einst verwendet wurden und eine regelrechte Zeitreise erleben. Außerdem gibt es eine Galerie im ehemaligen Stall des alten Friesenhauses, erhältlich sind hier regionale und handgemachte Produkte von Hallig Hooge und aus Nordfriesland.

95

Hallig Galerie
Hanswarft 6
25859 Hallig Hooge
T. 04849 261
hallig-galerie.de

Sturmflutkino
Hallig Hooge
Hanswarft 9
25859 Hallig Hooge
T. 04849 271
sturmflutkino.de

Lichtseekarten von Jürgen Sönnichsen

Sehenswert ist auch der Leuchtturm von Amrum, der Insel, auf der Kapitän Jürgen Sönnichsen seine Lichtseekarten kreiert.

Leuchttürme und andere befeuerte Seezeichen lassen sich durch die sogenannte Kennung (die die Identifizierung eines Leucht-feuers/Leuchtturms ermöglichen) unterscheiden. Das Festfeuer scheint ohne Unterbrechung, beim unterbrochenen Feuer ist die Phase der Lichterscheinung stets länger als die Phase der Ver-dunkelung. Beim Gleichtaktfeuer ist beides von gleicher Länge. Es gibt auch noch das Blinkfeuer, das Blitzfeuer, das Funkelfeuer, das Unterbrochene Funkelfeuer und das Schnelle Funkelfeuer – soviel zur Kennung. Unterschiedlich ist außerdem die Wieder-kehr, so heißt der Zeitraum vom Einsetzen der Taktkennung bis zum Einsetzen der nächsten gleichen Taktkennung.

Diese Vielfalt sorgt dafür, dass die Kapitäne und Skipper immer wissen, welchen Leuchtturm oder welches Leuchtfeuer sie ansteuern, um so sicher die Einfahrt in den Hafen zu finden. Kaum jemand weiß dies besser als Jürgen Sönnichsen von der Insel Amrum. Er fuhr schon als Schüler mit Krabbenkuttern raus und wurde schließlich selbst Seemann. Auf dem Segelschulschiff „Passat" hatte er mit „Seeteufel" Graf Luckner zu tun. Auf einem alten Fischdampfer erlebte er harte Zeiten.

Jürgen Sönnichsen wechselte dann von der Küsten- zur Über-seeschifffahrt: Kurs auf Afrika, Westküste, Süd- und Nord-amerika, Australien. Ein schwerer Unfall kam dazwischen, sodass ihm nur noch eine Umschulung helfen konnte. Deswegen wurde er Bauzeichner. Doch eine Liebe zum Meer hält ewig. Beim Wasser- und Schifffahrtsamt Tönning gelang dem Seefahrer der Neueinstieg. Fortan war er als Matrose und später als Schiffs-führer und Steuermann auf verschiedenen Tonnenlegern an der Seevermessung beteiligt.

Seit dem Jahr 2005 gestaltet Jürgen Sönnichsen Lichtsee-karten, auf denen Leuchttürme, Leuchttonnen und Seezeichen in der originalen Kennung scheinen, blinken, blitzen und funkeln. Man kann ihn auch nach Terminvereinbarung besuchen. Er residiert standesgemäß: unter dem Amrumer Leuchtturm.

Jürgen Sönnichsen
Tanenwai 46
25946 Nebel auf Amrum
T. 04682 13 82
lichtseekarte.de

Friesentorte genießen: Café und Bäckerei Schult
Die Spezialität soll auf der Nord-seeinsel erfunden worden sein.
Ual Saarepswai 9
25946 Norddorf auf Amrum
T. 04682 22 34
cafe-schult.com

Nur eine Handvoll Wahlberechtigte

Blick auf die Knudts-
warf auf Hallig Gröde.
Im Vordergrund der
„Fething" ein ober-
irdisches Süßwasser-
speicherbecken, das
wie ein kleiner Teich
aussieht.

Wer kennt den kleinsten Wahlbezirk Deutschlands? Genau, er kann sich doch nur auf einer Hallig befinden, einer jener Nord-seeinselchen mit platzbedingt sehr wenigen Einwohnern. Hier spielt sich das Leben auf nur einigen Quadratkilometern ab. Konkret gemeint ist die Gemeinde Gröde, auf der gerade ein-mal elf Menschen leben. Die Bevölkerungsdichte betrug dort am 31. Dezember 2020 vier Einwohner pro Quadratkilometer – 2,5-mal so viel misst die Gesamtfläche der Gemeinde, zu der auch die nicht dauerhaft bewohnte Hallig Habel gehört.

Ungefähr zwanzig bis dreißig Mal pro Jahr versinkt Gröde bei einem „Land unter" fast komplett im Meer, allein die beiden

Warften ragen dann noch aus der tosenden See heraus, auf denen die Handvoll Wahlberechtigte lebt: Die Knudtswarft mit vier Wohnhäusern und einem hier als „Fething" bezeichneten Süßwasserspeicherbecken, das wie ein kleiner Teich aussieht, sowie die etwas kleinere Kirchwarft mit dem Gotteshaus. Auf Letzterer gibt es auch immer noch das Haus mit der Hal-ligschule und eine Lehrerwohnung, beides steht jedoch seit 2012 mangels Schülern leer.

Um den Sturmfluten trotzen zu können, umgeben Ringdeiche beide Warften. Außerdem verfügen sämtliche Wohnhäuser über einen Schutzraum, in den die Bewohner flüchten können, falls die Nordsee doch einmal über die Warften steigt. Diese Räume stehen jeweils auf vier tief im Warftboden gegründeten Betonpfeilern. Alle nordfriesischen Hallighäuser sind mit solch einer Schutzvorrichtung versehen.

Reetgedeckte Kirche:
St. Margarethen
auf der Kirchwarft von Hallig
Gröde, äußerst fotogen.

Große Küche im Wattenmeer

Wie wäre es zum Beispiel mit über Deichgräsern geräucherten Koteletts vom Hallig-Lamm an Röstgemüse und Schwenkkartoffeln mit Bärlauch? Und vorweg vielleicht eine Husumer Krabbensuppe mit edlem Weinbrand und Orangen-Sahnehaube, oder doch lieber den Wattenmeersalat mit Sylter Zuckeralgen? Ach ja, die Kinder… Wer lieber etwas bei Mama und Papa stibitzen möchte, anstatt „gebackene Gold-Dublonen" zu knabbern (so heißen hier feine Hähnchenbrust-Nuggets), ordert einfach gratis einen „Seeräuber-Teller". Und auch an Vegetarier und Veganer hat Erik Brack bei der Gestaltung seiner Speisekarte gedacht. Der Pächter und Koch des Hallig Krog hat sich regionaltypischer Küche mit vorzugsweise ökologischen Produkten verschrieben, die er mitten im Wattenmeer serviert: auf der Hamburger Hallig, die über einen Damm mit dem Festland verbunden und daher eine Halbinsel ist.

Erik Brack, bodenständig und nah an den Gästen, ist ein Medien-Star, seit es ihn auf das „Inselchen" verschlug. Schon viel wurde berichtet über den ehemaligen Küchendirektor der MS Deutschland, einschlägig bekannt als „Traumschiff" aus der ZDF-Fernsehserie, auf der er dreimal um die Welt reiste. Für täglich bis zu 480 Passagiere und mehr als 250 Besatzungsmitglieder hat er auf dem Luxusliner gekocht. Zuvor startete seine Karriere mit einer Ausbildung in Baden-Württemberg. Anschließend arbeitete Erik Brack in erstklassigen Häusern in der Schweiz, am Bodensee und in Hessen. Als Chef de Cuisine im Husumer „Alten Gymnasium" wurde er mit einem Michelin-Stern ausgezeichnet.

Die Hamburger Hallig ragt zwischen Dagebüll und Nordstrand ins Wattenmeer. Entstanden ist sie nach der Burchardiflut, auch bekannt als zweite Grote Mandränke, am

11. und 12. Oktober 1634, als die Deiche brachen und die schleswig-holsteinische Küste bis hinunter zur Elbmündung verwüstet wurde. Die zuvor noch existierenden Halligen Nübbel und Nieland versanken dabei komplett im Meer. Deswegen ließen zwei Hamburger Kaufleute den damaligen Koog eindeichen. Dieser Deich wurde im 17. Jahrhundert vernichtet, dabei bildete sich die Hamburger Hallig. Sie wurde ab 1860 durch einen Damm mit dem Festland verbunden. Ihr Name erinnert an die beiden Kaufleute.

Hallig Krog
25821 Reußenköge
T. 04671 94 27 88
hallig-krog.de

Im nahen Bredstedt: Café Frida und Nordseehotel
Café mit historischer Kachelstube, Pharisäertorte und mehr.
Markt 13
25821 Bredstedt
T. 04671 71 89 959
hotelcafefrida.de

Die Hamburger Hallig liegt nur vier Kilometer vom Festland entfernt. Sie ist über einen Damm problemlos zu Fuß, mit dem Rad oder mit dem Auto zu erreichen.
Erik Brack, Pächter und Koch des Hallig Krog, hat sich regionaltypischer Küche verschrieben – vorzugsweise mit ökologischen Produkten.

5

Von Flensburg bis Eckernförde

Kupfermühle und Schusterkate

Die idyllische Siedlung im Krusau-Tal ist leicht zu übersehen. Ihre versteckt liegenden Häuser leuchten orange im hügeligen Grün des Tals. Kopfsteingepflasterte Straßen vollenden die Szenerie. In der kleinen Ortschaft hinter Harrislee hat die Gewinnung von Kupfer eine 400 Jahre alte Tradition. Lange hielt sich die „Crusauer Kupfer- und Messingfabrik", die 1962 ihre Produktion einstellte. Daran erinnern noch die schmuck restaurierten Fabrikgebäude. In den historischen Hallen wird die

regionale Industriegeschichte neu präsentiert. Zu besichtigen sind unter anderem eine denkmalgeschützte 700 PS-Dampfmaschine von 1933, eine Dampfmaschinenmodellsammlung und das rekonstruierte Hammerwerk. Außerdem befindet sich in dem authentischen Ort eine der ältesten Arbeitersiedlungen Nordeuropas.

Nur wenige Kilometer sind es von der Flensburger Innenstadt bis zur Landesgrenze. Hier ist der Ortsteil Wassersleben ein schönes Reise- oder Ausflugziel mit Sandstrand, Wald, Wiesen und Wanderwegen. Etwas Besonderes ist der winzige Grenzübergang Schusterkate, über den Dänemark bei einer Wanderung zu erreichen ist.

Wassersleben gehört zur sich unmittelbar an die Flensburger Nordstadt anschließende Gemeinde Harrislee. Hier ist Dänemark so nahe, dass man das Nachbarland schon bei Spaziergängen erkunden kann. Der wohl kleinste Grenzübergang Europas befindet sich am nördlichen Ende des Strandes und ist über die Straße Dammweg zu erreichen: Die Schuster-

Im deutsch-dänischen Grenzort Kupfermühle ist auch eine der ältesten Arbeitersiedlungen Nordeuropas zu besichtigen: wie hier die Dorfstraße mit den alten Arbeiterhäusern aus dem 17. und 18. Jahrhundert.

In den historischen
Hallen des Museums
Kupfermühle wird die
regionale Industrie-
geschichte neu
präsentiert.

kate steht in der Nähe einer kleinen Holzbrücke, deren westliches Ende sich auf deutschem Boden befindet, während das östliche bereits zu Dänemark gehört. Die Grenzlinie entstand im Jahr 1920, nachdem Nordschleswig nach der Volksabstimmung in Schleswig mit Dänemark wieder vereinigt worden war. Heute weisen nur noch die Grenzsteine an beiden Seiten der Brücke mit den Symbolen D und DK auf die Bedeutung hin sowie weiße Grenzbaken als Seezeichen. Gehalten haben sich auch noch die beiden Holzhäuschen der ehemaligen Grenzgendarmen, die noch bis 1958 die Landesgrenzen bewachten. Heute ist hier eine Anmeldung für Bootsfahrer untergebracht, denn hinter der Brücke bildet eine von Schilfgürteln gesäumte Lagune einen ruhigen Ankerplatz.

Über die Schusterkate führt ein herrlicher Waldwanderweg immer an der Förde entlang bis ins dänische Kollund. Dabei geht es durch das eiszeitlich geprägte Tunneltal der Krusau mit von Bächen geprägten Schluchten und klaren Quellen. An die Zeit der Grenzgendarmen erinnert auch der insgesamt 74 Kilometer lange Gendarmenweg (dänisch „Gendarmstien"), der Padborg und Høruphav verbindet. Er verläuft größtenteils entlang der Flensburger Förde und gehört streckenweise heute auch zum Industriemuseum Kupfermühle.

Industriemuseum Kupfermühle
Messinghof 3
24955 Harrislee
T. 0461 40 77 125
industriemuseum-kupfermuehle.de

Die rätselhafte Spiegelgrotte

108

Die Lemniskate, von lat. lemniscus, „Schleife", die liegende Acht, ist das mathematische Zeichen für Unendlichkeit. In der Freimaurerei symbolisiert sie die weltweite Bruderkette. Die Doppelschleife ist beispielsweise auf den Arbeitsteppichen der kontinentaleuropäischen Johannislogen zu finden. Die Spiegelgrotte auf dem Museumsberg in Flensburg mit ihrem achteckigen Grundriss gibt weiterhin Rätsel auf. Es wird spekuliert, ob dieser Bau für Kulte der Freimaurerei in Flensburg diente. Es handelt sich um einen oktogonalen Kuppelbau mit spitzbogigen Spiegelnischen in den Wänden. Der Blick scheint ins Unendliche zu schweifen.

Warum aber ist der Raum achteckig? Für Auferstehung und Vollkommenheit stehend, findet sich das Oktogon auch als Architekturelement in vielen sakralen Bauten, etwa in Form von Taufbecken. Laut Tagebuchaufzeichnungen ließ der Flensburger Kaufmannssohn Andreas Christiansen junior das verspiegelte Gemach um 1820 errichten. Es befand sich in den weitläufigen Landschaftsgärten, die der einflussreichen Flensburger Patrizierfamilie gehörten. Geblieben sind der noch 4,2 Hektar große Christiansenpark und der Museumsberg mit dem Fördehang. Außer der Spiegelgrotte versteckt sich in der Grünanlage noch ein besonderer Ort: die Mumiengrotte, wohl um 1800 eingerichtet unter Peter Clausen Stuhr. Sie beherbergt einen phönizischen Sarkophag aus der Zeit um 400 vor Christus.

Der Fördehang gehört zum Museumsberg Flensburg. An der Museumskasse gibt es den Schlüssel zur Spiegelgrotte.

In der ursprünglich mit 13 Spiegeln ausgekleideten Grotte, spiegeln sich eintretende Besucher bis ins Unendliche wider.

Museumsberg Flensburg und Christiansenpark
Museumsberg 1
24937 Flensburg
T. 0461 85 29 56
museumsberg-flensburg.de
christiansenpark.de

Die Stimmung ist besonders, die einen beim Spaziergang durch den Christiansenpark einfängt; hier die Museumsgrotte, um 1800 angelegt, die einen phönizischen Sarkophag aus der Zeit um 400 v. Chr. beherbergt.

Petuh schnacken wie damals

Auf dem von
Prinzessin Alexandra
getauften
Salondampfer geht es
stilecht über die
Flensburger Förde.

Im Schifffahrtsmuseum gegenüber der Flensburger Schiffbrücke können Besucher einem selten gewordenen Geplauder lauschen. Es schnacken die Petuh-Tanten im Salon eines Fördedampfers aus dem 19. Jahrhundert. Diese redseligen Flensburger Damen kauften sich (seit dem ausgehenden 19. Jahrhundert) ein Dauerticket, um mit dem Schiff plaudernd eine Runde nach der anderen zu drehen – ein sogenanntes „Partout billet", und aus partout wurde in der Mundart „Petuh".

Noch heute ist es eine der schönsten Möglichkeiten, die nördlichste Stadt des Landes zu erleben – besonders stilecht im Salondampfer „Alexandra". Wegen der tollen Panoramablicke

Die sogenannten Petuh-Tanten auf einem Salondampfer.

111

auf den Flensburger Hafen und die schöne Fördelandschaft machten diese Damen die Fahrt allerdings nicht. Vielmehr traf man sich auf den Dampfschiffen zu Kaffee und Klönschnack. Was genau aber dabei gesprochen wurde, würde heute kaum noch jemand verstehen. Darunter Worte wie: „Watn Aggewars!", so seufzt noch immer der eine oder andere Flensburger, wenn ihm etwas zu viel wird. Dies ist der originale Petuh-Dialekt, eine Mischung aus Plattdütsch, Dänisch und Hochdeutsch, benannt nach den besagten Damen auf den Fördeschiffen.

Heute entern vor allem Touristen die Fördeschiffe, und es ist eine ziemlich gute Idee, sich dem anzuschließen. Bei dieser kleinen Seefahrt ist es zum Beispiel auch möglich, in Glücksburg von Bord zu gehen, dort ein paar schöne Stunden zu verbringen und dann mit einem anderen Schiff zurückzufahren. Auch das Fahrrad darf (gegen Aufpreis) mit. Die Touren können je nach Anbieter variieren. Zur typischen Route gehören außer Glücksburg der Yachthafen Sonwik, der Strand von Solitüde und eine Umrundung der dänischen Ochseninseln. Die Fördeschiffe starten ab der Schiffbrücke in der Flensburger Hafenspitze. Darunter auch der 1908 gebaute Salondampfer „Alexandra", seinerzeit getauft von Prinzessin Alexandra zu Schleswig-Holstein-Glücksburg höchstpersönlich.

Die Tourismus Agentur Flensburger Förde
bietet verschiedene Stadtführungen mit „Petuh-Tante Emmi Hansen" an: flensburger-foerde.de/ unsere-angebote/ stadtfuehrungen/ flensburg-erlebnisfuehrung

Rundwege und Rangkämpfe

Das Naturschutzgebiet der Geltinger Birk im Kreis Schleswig-Flensburg, nördlich von Kappeln, ragt als Landzunge in die Ostsee. Ausflügler kehren meist so gut erholt von ihr zurück wie aus einem längeren Urlaub: Auf vier Rundwanderwegen ist es zu erkunden (Länge 3–13,3 Kilometer). Sie sind mit farbigen Symbolen markiert, heißen „Eule", „Konik", „Hochlandrind" und „Möwe". Zu empfehlen ist schon nach kurzer Strecke ein Stopp bei der NABU-Infohütte am Nordweststrand der

Lehminsel Beveroe. Besucher erfahren hier Einiges über die hiesige Flora und Fauna. Mit nützlichem Wissen ausgestattet, geht es dann mal durch das saftig-grüne Hinterland, dann wieder vorbei an der Küste. Die längste Route führt einmal rund um die Birk.

Zu entdecken ist dabei auch die reetgedeckte Erdholländermühle „Charlotte" aus dem Jahr 1826, errichtet durch den Rittmeister von Hobe vom Gut Gelting. Sie steht am Zugang des Naturschutzgebietes beim Geltinger Noor. Einst wurden mit ihrer Hilfe das Noor entwässert und Korn gemahlen: Zusammen mit einer weiteren Mühle pumpte die eifrige Charlotte das Grundwasser aus den dahinterliegenden Feldern in die Ostsee. Benannt ist das Bauwerk nach der Oberstallmeisterin Charlotte von Plessen, eine geborene Herzogin von Mecklenburg. Sie verstarb 1822 auf Schloss Gelting. Vor der Mühle lädt eine Holzhütte zur Einkehr ein, die viele Wanderer als „Birk-Kiosk" kennenlernten und schon vermissten. Inzwischen wurde der Kiosk von der neuen Pächterin Dariya Parkhomenko

Beim Start im Südwesten der Birk grüßt gleich zu Beginn der Tour die Windmühle Charlotte.

übernommen, die ihn im Frühjahr 2018 als „Birklein Picknick-station" neu eröffnete. Hier gibt es Getränke, Kuchen, über-backene Brötchen und Suppe zum Mitnehmen samt Besteck, Schüsseln und Bechern aus ökologisch abbaubaren Materialen und mit Pfandsystem. Auch gefüllte Picknickkörbe für Wan-derungen sind zu bekommen (geöffnet während der Saison täg-lich von 11 bis 18 Uhr). Der dortige Parkplatz ist von der B 199 gut zu erreichen (in Gelting abbiegen).

Auch am gegenüberliegenden Ende der Halbinsel ist etwas Besonderes zu entdecken: Rot-weiß geringelt und äußerst fotogen präsentiert sich der Bilderbuch-Leuchtturm Falshöft am Ostufer der Birk. Er wurde 1910 errichtet, ist 28 Meter hoch und beherbergt ein kleines Museum. Vor dem Seezeichen erstreckt sich ein Badestrand.

Um das wahre Highlight des Naturschutzgebiets anzutreffen, braucht es etwas Glück. Einer der Wanderwege ist danach benannt (der „Konik") und steht für eine Herde wild lebender Pferde, denen Besucher hier begegnen können. Zu erleben sind Stuten mit Fohlen und Hengste bei ihren filmreifen Rangkämpfen. Gemeinsam mit schottischen Hochlandrindern leben die Tiere hier in einem weitläufigen, offenen Weidegebiet. Sie wurden zur Landschaftspflege angesiedelt.

Die Pferde gehören der bedrohten Rasse der Koniks an. Es handelt sich dabei um Nachkommen der Tarpane, die viele Jahr-hunderte in Nord- und Osteuropa lebten. Mehr als 50 sind es

114

Inmitten der Rund-wanderwege sind mit etwas Glück diese be-sonderen Bewohner der Birk, die Koniks, anzutreffen.

inzwischen, hinzu kommen jährlich etwa 20 Fohlen. „Konik"
bedeutet kleines Pferdchen und tatsächlich haben die Tiere nur
eine Widerristhöhe von circa 130 bis 140 Zentimetern. Sie
wurden ab den 1980er Jahren in den Niederlanden zur Natur-
entwicklung eingeführt. Dort vermehrten sie sich schon bald so
stark, dass die Landflächen allmählich zu knapp für sie wurden.
Deswegen gaben die Holländer einige Pferde für das Projekt
NSG Geltinger Birk ab.

Die Geltinger Birk liegt gut erreichbar in der Nähe der
Bundesstraße B 199. Parkplätze gibt es am Geltinger Noor und
bei Falshöft jeweils am Ende der Zufahrtsstraße. Sobald man
die Birk erreicht hat, sind städtische Hektik oder Straßenverkehr
vergessen. Es eröffnet sich eine weite Landschaft mit saftig-
grünen Wiesen und Wäldern, Wasserläufen und Seen. Die
Geltinger Birk gehört zur ruhigen Gemeinde Nieby. Wer hier ein
paar Urlaubstage verbringen möchte, findet familienfreundliche
Unterkünfte vor.

Wie im Bilderbuch
präsentiert sich der
Leuchtturm Falshöft
am nordöstlichen
Rand der Geltinger
Birk.

Wanderrouten
geltinger-birk.de

Leuchtturm Falshöft
Sibbeskjär
24395 Pommerby
leuchtturm-falshoeft.de

Eine Stadt, die eigentlich keine ist

Wie schafft eine Ortschaft es, mit einer Fläche von 0,45 Quadratkilometern und knapp 300 Einwohnern zur Stadt ernannt zu werden? Das gelang Arnis am nördlichen Schleiufer. Dass es seit 1934 das Stadtrecht besitzt, ist auf eine Gebietsreform zurückzuführen, bei der einige Ortschaften in diesen Status erhoben wurden, die zuvor als „Flecken" mit eingeschränktem Stadtrecht eingeordnet worden waren. Dafür hatte sich auch der damalige Bürgermeister Peter Holstein engagiert.

Vom Erscheinungsbild her ist das auf einer Halbinsel liegende Arnis ein besonders schönes Fischerdorf mit liebevoll hergerichteten Häusern und bunten Gärten direkt am Wasser. Erkunden lässt es sich über einen öffentlich zugänglichen Weg. Er führt einmal um die Stadt, vorbei auch an Bootsstegen, kleinen Werften, Fischernetzen und anderen maritimen Details. Der Pfad geht auch bis zum Ortszentrum mit der Langen

Schon der Blick auf Arnis mit den auf der Schlei treibenden Booten davor ist ein Erlebnis.

Sehenswert ist die Schifferkirche mit Votivschiffen im Altarraum.

117

Straße, die sehenswerte alte Wohnhäuser säumen, viele davon sind in Fachwerkbauweise errichtet. In einigen sind Galerien oder kleine Läden mit Kunsthandwerk untergebracht. Auch einen kleinen Badestrand und einige Gaststätten gibt es in Arnis.

Beeindruckend ist auch die Schifferkirche aus dem Jahre 1673 mit dem historischen Friedhof, an der die Grabplatte einer Kapitänsfamilie lehnt. Im Altarraum hängen Votivschiffe aus dem 18. und 19. Jahrhundert. Es handelt sich dabei um Dankesgaben von Kapitänen, deren Schiffe aus Seenot gerettet wurden.

Zu erreichen ist das am Nordufer der Schlei liegende Arnis über die Bundesstraße 201 ab Schleswig oder die Bundesstraße 203 ab Eckernförde. Auf der B 203 geht es auch über die Klappbrücke in Kappeln – ein Erlebnis! In Arnis wird darum gebeten, das Auto auf dem Parkplatz am Ortseingang abzustellen. Ansonsten wäre sie schnell überlastet, die winzige Stadt, die eigentlich keine ist.

Einkehr in Arnis
Zur Schleiperle
Strandweg 125
24399 Arnis
moin@schleiperle-arnis.de
schleiperle-arnis.de

Der Poppostein – ein Werk des Teufels?

„Im Jahre des Herrn 966 wurden die Dänen durch einen Mann namens Poppo zum Glauben bekehrt, welcher ein feuriges und glühendes Eisen, das wie ein Handschuh geformt war, vor dem Volk einhertrug, ohne davon verletzt zu werden." So ist es überliefert durch die Hamburgische Kirchengeschichte (Gesta Hammaburgensis ecclesiae pontificum), verfasst um circa 1070 von dem Geistlichen Adam von Bremen, seinerzeit Domherr in der Hansestadt Hamburg.

Tief beeindruckt von dem anscheinend unverwundbaren Missionar soll auch der dänische König Harald Blauzahn mitsamt seinem Volke das Heidentum abgelegt haben, woraufhin Poppo 1010 zum zweiten Bischof von Schleswig ernannt wurde.

Ein stummer Zeuge seines Wirkens ist noch heute vorhanden. Unscheinbar ruht er in einem Feld südlich von Sieverstedt, nahe der Bundesstraße nach Schleswig: Umzäunt und denkmalgeschützt ist dort kostenlos der „Poppostein" zu besichtigen. Es handelt sich um den Deckel eines noch fast komplett vorhandenen Großsteingrabs aus der Jungsteinzeit, das sich ursprünglich unter einem aufgeschütteten Erdhügel verbarg. Von diesem ist noch eine flache, kantig abgepflügte Erhöhung übriggeblieben, bewachsen mit Gras, Gestrüpp und einem knorrigen Dornbusch.

Wann das Grab freigelegt wurde, ist unbekannt. Archäologen vermuten, dass es sich um einen erweiterten Dolmen aus der Trichterbecherkultur (zwischen 3500 und 2800 v. Chr.) handelt. Zwei Tragsteine bildeten demnach jeweils die Längsseiten. Am nördlichen Ende befindet sich ein größerer Schlussstein. Noch vorhanden ist auch ein kleinerer, nach außen gewinkelter Stein am südlichen Ende – vielleicht ein weiterer Tragstein in seiner Originalposition. Dieser Stein könnte aber auch zu einem ehe-

In einem Feld nahe der Bundesstraße 76, ist der etwas versteckt liegende Poppostein zu entdecken. Ein Schild ab dem Rastplatz weist den Weg.

119

maligen Gang gehört haben. Dies widerspräche der Dolmen-Theorie, denn dann wäre es wohl ein Ganggrab gewesen. Rund um die Grabkammer sind außerdem einige etwas aus dem Boden ragende Bruchstücke zu sehen. Den Experten zufolge dürfte es auch noch einen zweiten Deckelstein gegeben haben, von dem diese stammen könnten. Zusammen bilden die Steine eine heute freistehende Grabkammer mit einer Länge von 2,20 Metern und einer Breite von einem Meter.

Den noch existierenden Deckelstein soll Bischof Poppo bei der Christianisierung als Taufbecken verwendet haben. Der heute von Flechten überzogene Geschiebeblock zeigt an seiner Unterseite helle Granitstrukturen mit hellrosa, rechteckigen Kalifeldspäten, reichlich weißem Plagioklas, verstreutem Biotit und Hornblende. Für viele weitaus spannender indes dürfte die Oberseite des Steins sein: Erkennbar sind darauf 17 schalenförmige Vertiefungen. Laut einer Sage sind es die Fingerabdrücke des Teufels. Dieser soll, schäumend und grollend vor Wut angesichts der ihm entrissenen Seelen, dem Geistlichen diesen riesigen Stein entgegen geschleudert haben. Wissenschaftler indes erklären die 17 Mulden mit kultischen Handlungen. Zu der Anlage in Sieverstedt gehören auch sechs Grenzsteine aus dem 19. Jahrhundert. Sie zeigen die Jahreszahl und das Wappen des dänischen Königs Friedrich VII. Er hatte den Grabhügel anno 1859 erworben, weil der Ort damals (und noch bis 1864) zu Dänemark gehörte.

Poppostein
Zu finden bei einem Parkplatz direkt an der B 76 von Schleswig nach Flensburg. Von dort geleitet ein ausgeschilderter Weg bis zu dem Großsteingrab (Koordinaten: 54°36'33.60" N, 09°28'41.24" O).

Unbekannte Drehscheibe des Seehandels

120

Wer durch die idyllische Gemeinde an der Treenemündung schlendert und nichts von ihrer Geschichte weiß, ahnt nicht, dass Hollingstedt mit heute knapp 1000 Einwohnern einst eine Schlüsselrolle im Seehandel spielte. Sie liegt mitten in Schleswig-Holstein an nützlichen Wasserläufen, und das erwies sich als großer Vorteil.

Auf Plattboden-Schiffen wurden die Waren von den Niederlanden über die Nordsee zunächst bis nach Tönning trans-

portiert, um von dort über die Flüsse Eider und Treene schließlich Hollingstedt zu erreichen. Auf dem 16 Kilometer langen Landweg ging es dann weiter bis nach Haithabu an der Ostsee. An Bord der Schiffe waren Tuffstein-Quader für den Kirchenbau, rheinische Keramik, Tuche, Weine, Waffen, Glas, Pelze, Wachs und Sklaven. Aus der Gegenrichtung gelangten Nordische Waren bis an den Niederrhein. Archäologische Ausgrabungen brachten dies zutage. Deren Ergebnisse sind im ehemaligen Feuerwehrgerätehaus in der Straße Nedderend zu besichtigen, das zu einem kleinen Museum umgebaut wurde: Im „Hollinghuus" können Besucher die Ausstellung „Hollingstedt – Nordseehafen von Haithabu und Schleswig am Handelsweg zwischen den Meeren" erleben; der Eintritt ist kostenlos.

Schön verbinden lässt sich dies mit einem Spaziergang auf dem „Pfad der Geschichte" in Hollingstedt, auf dem sich einem die Natur und die historische Bedeutung des Ortes noch mehr erschließen. Ungefähr 1,5 Stunden benötigt man für den 4,5 Kilometer langen Rundweg bei einem entspannten Tempo, das

Ein Highlight nahe Schleswig sind die Wikingerhäuser von Haithabu am Ufer der Schlei.

Die Treene bei
Hollingstedt diente
einst als Teil der
Handelsverbindung
zwischen Ost- und
Nordsee.

erlaubt alles in Ruhe auf sich wirken zu lassen. Wer lieber in die Pedale tritt, wählt die acht Kilometer lange Fahrradroute.

An die Verbindung Hollingstedts mit Haithabu erinnert auch das Danewerk mit seinen gestaffelten Wall- und Sperranlagen. Insgesamt 30 Kilometer lang, reichen sie bis an den Halbkreiswall, der die an der Schlei liegende Wikingersiedlung im späten 10. Jahrhundert umgab. Das Freilichtmuseum ist ein besonderes Erlebnis mit ausgestellten Originalfunden, rekonstruierten Modellen und multimedialer Gestaltung.

Die Wikinger waren als kriegerische Seefahrer im frühen Mittelalter auf den Meeren unterwegs. Sie stammten vor allem aus nordischen, teils auch baltischen Völkern des Nord- und Ostseeraumes. Bei der heutigen Stadt Schleswig betrieben sie eines der bedeutendsten Handelszentren Nordeuropas – Haithabu. Doch wie kam es dazu? Es sollen friesische Kaufleute gewesen sein, die im 8. Jahrhundert diese Siedlung am innersten Zipfel der Schlei gegründet hatten, nahe der heutigen Stadt Schleswig.

Unter dänischer Krone entwickelte sich Haithabu zu einem großen Handelshafen. Die in ihrer Blütezeit rund 1500 Einwohner zählende Wikinger-Siedlung lag im Schnittpunkt aller bedeutenden Handelswege Nordeuropas. Bis in den Orient reichten die geschäftlichen Beziehungen. Der nahe „Ochsenweg" verband das Fränkische Reich im Süden mit Skandinavien. Ein arabischer Reisender namens Ibrahim ibn Ahmed At-Tartûschi soll Haithabu anno 965 als „sehr große Stadt am äußersten Ende des Weltmeeres" beschrieben haben.

Im Bereich des heutigen Schleswig-Holsteins nahm Haithabu eine Schlüsselrolle als Warenumschlagplatz zwischen den Meeren ein, weil es über die schiffbare Schlei mit dem gesamten Ostseeraum verbunden war und ab Hollingstedt über Treene und Eider mit der Nordsee.

123

Hollinghuus
Osterende 4
24876 Hollingstedt
T. 04627 350
haithabu-danewerk.de/hollingstedt
kuladig.de

Haithabu und Danewerk
haithabu-danewerk.de
schloss-gottorf.de/haithabu

Reise im Gottorfer Globus

Vollendete Symmetrie: der Barockgarten von Schloss Gottdorf mit dem Globushaus.

Schlicht und doch mondän erhebt es sich auf der Burginsel am Ende der Schlei: Schloss Gottorf gilt als eines der bedeutendsten profanen Bauwerke Schleswig-Holsteins. In acht Jahrhunderten wandelte es mehrfach seine Gestalt. Aus der ursprünglichen mittelalterlichen Burg (erstmals erwähnt 1161) wurde eine Renaissancefestung und schließlich das barocke Schloss als herzogliches Haus Schleswig-Holstein-Gottorf. Es brachte unter anderem vier schwedische Könige und einige russische Zaren hervor. Seit 1945 wird es als Museum genutzt.

Wohl weltweit einmalig ist das kugelrunde Sternentheater mit dem Firmament des 17. Jahrhunderts im Gottorfer Globushaus.

Das prachtvolle Gebäude mit der barocken Gartenanlage ist schon von außen eindrucksvoll anzusehen. Die darin untergebrachten Ausstellungen entführen tief in die schleswig-holsteinische Geschichte. Zwei Landesmuseen sind hier untergebracht, eines für Kunst und Kulturgeschichte und eines für Archäologie, in dem sogar echte Moorleichen zu besichtigen sind.

Der zugehörige, nördlich der Schlossinsel gelegene Barockgarten entstand zur Blütezeit der Gottorfer Residenz unter Herzog Friedrich III. von Schleswig-Holstein-Gottorf (1597–1659). Ein akustisch untermalter Spaziergang führt durch die Anlage. Dabei ist etwas zu entdecken, das seinerzeit als kosmologische Sensation gefeiert wurde: eine drei Meter große Kugel im Lusthaus. Das von Kerzen erhellte Sternentheater zeigte außen die Kartographie und innen das Firmament des 17. Jahrhunderts. Ab dem Großen Nordischen Krieg (1700–1721) gehörte der Gottorfer Globus Peter dem Großen, der von 1721 bis 1725 als erster Zar das Russische Reich regierte. Er ließ das Prachtstück nach St. Petersburg bringen, wo es sich noch immer befindet. Eine Rekonstruktion der sich drehenden Himmelskugel ist im heute so benannten „Globushaus" zu bestaunen. Gäste können einsteigen und eine besondere Reise durch den Kosmos unternehmen.

127

Mit Barockgarten:
Schloss Gottorf
Schlossinsel 1
24837 Schleswig
T. 04621 81 32 22
schloss-gottorf.de
gottorfer-globus.de

Die Schlei-Insel „Heidruns", geboren 2018

Es ereignete sich an der Steilküste nahe Weseby, etwa zwei Kilometer nördlich dieser Ortschaft: Dort, wo bei Kielfoot das Vorland der Niederung endet, kam es zu einem Durchbruch der Schlei, sodass ein Stück vom Festland getrennt wurde. Es hat eine Fläche von circa einem halben Hektar, also 5000 Quadratmeter und ist komplett von Schilf bewachsen. Diese neue Insel bildete sich im Spätsommer 2018 zwischen Kosel und Brodersby in Angeln, nicht weit von der Stelle, an der die Schleifähre Missunde übersetzt. Heidruns, so ist ihr Name. So wollte es der Verein Schlei-Informations- und Erlebniszentrum (SIEZ), in Gedenken an seine verstorbene Mitgründerin Heidrun Karaca, seit 2008 auch Bürgermeisterin von Ulsnis. Sie war am 25. Juni des Jahres gestorben, in dem die Insel nur wenige Monate später „das Licht der Welt" erblickte.

Die neue Insel „Heidruns" bei ihrer Einweihung.

Das SIEZ betreut das Teilgebiet von Stexwig bis zur Schwons-
burg gegenüber Arnis. Der Verein hatte beobachtet, dass der
Wasserspiegel der Schlei im Zeitraum 1980 bis 2014 um bis zu
30 Zentimeter gestiegen war. Dieser Umstand ist eine der Ur-
sachen für die Veränderung der Schlei und ihrer Ufer. Weil der
neue Wasserdurchbruch in einem ehemaligen Gletschertor
erfolgte, ist dieser Geburtsvorgang wohl noch auf Auswirkungen
der letzten Weichsel-Eiszeit vor rund 11000 Jahren zurückzuführen. Nach Einschätzung der SIEZ-Experten dürfte Heidruns
für einige Neuerungen sorgen. So bildete sich eine neue
Strömungslinie, auch Sedimentation und Wasseraustausch ver-
änderten sich. Dies wiederum wirkt sich auf die Uferlinie der
Schlei aus. Weil der einst weit in die Schlei ragende Landzipfel
von Kielfoot nun geteilt wurde (auf vielen Karten ist er noch in
ursprünglicher Form zu sehen), könnte das zuvor durch den Land-
vorsprung geschützte Ufer von Missunde verstärkt Brandung
und Wellenschlag ausgesetzt sein. Vor allem bei westlichen
Winden kann nun mehr Wasser in die Missunder Enge strömen.

Dies kann auch positive Effekte haben, weil mit dem Durchbruch eine bessere Verbindung von der Großen Breite zum
Mittelbecken der Schlei entstanden ist, die den Wasseraustausch
durch die Missunder Enge fördert. Und Heidruns? Sie wird vermutlich in die Länge wachsen, da sich an ihren beiden Enden
Sedimente anlagern.

**Schlei-Informations-
und Erlebniszentrum**
Auch Landschafts-
führungen, die einem
breiten Publikum
Zugang zu interes-
santen Themen rund
um das Gebiet
eröffnen, werden an-
geboten (Termine
siehe Homepage).
schleiinfozentrum.de

Das erste Flächendenkmal Schleswig-Holsteins

130

Brodersby, Karby, Thumby, Gunneby, Grödersby, Krieseby, Rieseby, Güby… Entlang der Schleiufer ist die Endung „-by", häufig in Ortsnamen zu finden. Die hier genannten befinden sich auf der südlichen Seite. Aus dem Dänischen übersetzt, bedeutet diese Silbe so viel wie „Siedlung". Eine besondere Stellung nimmt Sieseby ein, ein Ortsteil der Gemeinde Thumby auf der Schwansener Seite des auch als „Ostseefjord" bezeichneten Meeresarms. Sieseby mit seinen reetgedeckten, restaurierten Arbeiterhäusern wurde im Jahr 2000 als erstes Flächendenkmal Schleswig-Holsteins ausgewiesen. Das älteste Gebäude ist die romanische Kirche, deren Ursprung wohl im 12. Jahrhundert zu verorten ist. Auch viele andere „By-Dörfer" sind einen Besuch wert. Am nördlichen Schleiufer, das wiederum zur Halbinsel Angeln gehört, reihen sich diese Dörfchen, von Grödersby bei Kappeln bis Schaalby kurz vor Schleswig, teils an der nach ihnen benannten Schleidörferstraße. Auch Brodersby ist hier namentlich noch einmal zu finden.

Riesby-Krog
Café und
Tims wunderbare Torten
Dorfstraße 35
24354 Rieseby
T. 04355 244
riesby-krog.de

Schliehuus 54
Dorfstraße 19
24351 Thumby / Sieseby
T. 04352 95 48 597
sh54.de

Gasthof Alt-Sieseby von 1867
Dorfstraße 24
24351 Thumby / Sieseby
T. 04352 95 69 933
gasthof-alt-sieseby.de

Reetgedeckt und von
im Sommer erblühen-
dem Garten umgeben,
so präsentieren sich
viele Häuser der
Schleidörfer, hier in
Sieseby.

In schlichter Schön-
heit und nicht weit
von der Schlei gebaut,
gefällt die Kirche von
Sieseby.

Die Wahrheit über die Kieler Sprotte?

Wieso heißt es „Echte Kieler Sprotten", wenn das golden geräucherte Fischlein doch aus Eckernförde kommt? Das glaubten einige, denn seit jeher wird der kleine, mit dem Hering verwandte Schwarmfisch (Sprattus sprattus) in diesem Städtchen geräuchert, traditionell mit Buchen- und Erlenholz. Allerdings versandte man früher die hier produzierten Sprotten per Bahn ab Kiel, wo die Holzkisten den Absenderstempel dieser Stadt erhielten. So bürgerte sich für die Spezialität die Bezeichnung „Echte Kieler Sprotten" ein. Der Zoologe Alfred Brehm (1829–1884) schrieb kurz vor seinem Ableben: „Auch an unseren Küsten, insbesondere an denen der Ostsee, werden alljährlich viele, bei Eckernförde allein durchschnittlich etwa sechzehn Millionen Sprotten gefangen, meist geräuchert und dann unter dem Namen ‚Kieler Sprotten' in alle Welt versendet". Allerdings gibt es auch andere Stimmen. So wurden Kieler Sprotten bereits in der „Neusten Länder- und Völkerkunde" von 1809 wie folgt erwähnt: „Die Kieler Bücklinge und Sprotten

Den Sprotten ist nicht anzusehen, aus welcher Ostseestadt sie erstmals kamen.

Historische Aufnahme aus einer Fischräucherei in Eckernförde.

133

werden sehr geschätzt." Diese Veröffentlichung erfolgte jedoch bereits 35 Jahre bevor die Eisenbahnstrecke Altona-Kiel eröffnet wurde (1844). Daher sind sich Experten einig, dass es sich doch um eine originäre Kieler Spezialität handelt, die inzwischen zwar in Eckernförde produziert wird, wobei die bewährte Bezeichnung „Kieler Sprotte" aber beibehalten wurde.

Auf jeden Fall kann diese Delikatesse auch in Eckernförde eine bemerkenswerte Tradition vorweisen. So gab es hier 1890 insgesamt 29 Fischräuchereien. Nachzuerleben ist die Geschichte auf einem Rundgang durch die Altstadt. „Auf den Spuren der Sprotte" geht es zu 13 historischen Stationen rund um das Thema Fisch und Fischräucherei. Ein Faltblatt zu diesem Rundgang ist kostenlos bei der Tourist Information an der Strandpromenade sowie im Tourist-Point Kieler Straße erhältlich. Entlang der Route informieren Schautafeln bei den jeweiligen Gebäuden über Hintergründe. Den Startpunkt bildet das zwischen 1909 und 1981 betriebene Hafenfeuer, Ziel ist die Räucherei Rehbehn & Kruse am Jungfernstieg, die als letzte Räucherei im Jahr 2022 den Betrieb eingestellt hat. Auf dem Weg dahin sind weitere bedeutsame Orte zu entdecken wie alte Räucherhäuser, der Rote Speicher oder die ehemalige Sägerei und Fischkistenfabrik Eldagsen. Eine besondere Station ist die ehemalige Räucherei Hopp in der Gudewerdtstraße 71. Nachdem der Verein Alte Fischräucherei Eckernförde e.V. das Gebäudeensemble mit Unterstützung der Stadt Eckernförde erworben hatte, verwandelte es sich in eine Museumsräucherei. Eine Ausstellung zog ein, und in den Altonaer Öfen wird nun zu Schauzwecken wieder geräuchert wie in alten Zeiten.

Heute werden Kieler Sprotten vielerorts in Schleswig-Holstein hergestellt. Einzige Vorgabe dabei ist, dass die Sprotte, eine Art des Herings, in der Kieler Bucht gefangen werden muss.

Förderverein Alte Fischräucherei Eckernförde e. V.
Gudewerdtstraße 71
24340 Eckernförde
T. 04351 88 04 833
alte-fischraeucherei.de

6

Rendsburg, Neumünster, Bad Segeberg

Fußgängertunnel statt Schwebefähre

Dafür ist die Stadt Rendsburg sehr bekannt: Mit der Schwebefähre können Fußgänger, Fahrräder und bis zu 3,5 Tonnen schwere Kraftfahrzeuge den Nord-Ostsee-Kanal überqueren, während Züge über die darüber liegende Eisenbahnbrücke rollen. Nur 90 Sekunden dauert die kostenlose Überfahrt über das Wasser, das diese Fähre gar nicht berührt. Dabei legt sie eine Strecke von 135 Metern zurück. Das schon mehr als 100 Jahre alte Transportmittel ist eines der bedeutendsten Industriedenkmäler bundesweit. In Staunen versetzt schon der Anblick der fast zweieinhalb Kilometer langen und 42 Meter hohen Brückenkonstruktion, die die Eisenbahnverbindung zwischen Neumünster und Kiel nach Rendsburg und weiter nach Flensburg darstellt. Errichtet wurde die Kombination aus Brücke und Fähre ab 1911 nach Entwürfen des Ingenieurs Friedrich Voss. Zur Anlage gehört auch eine 43 Meter hohe Aussichtsplattform im südlichen Brückenpfeiler, die über

Ein Geheimtipp ist die unterirdische Möglichkeit, den Nord-Ostsee-Kanal zu passieren.

.

eine Wendeltreppe mit 178 Stufen zu erreichen ist (begehbar bei Führungen der Tourist-Information). Direkt an der Hochbrücke gibt es seit 1997 auch eine Schiffsbegrüßungsanlage, entstanden nach dem Vorbild „Willkomm-Höft" in Wedel bei Hamburg.

Während die Blicke hier verständlicherweise eher nach oben schweifen, übersehen besonders Auswärtige eine ganz andere Möglichkeit, den Kanal zu queren. An beiden Ufern führen jeweils Rolltreppen und ein Fahrstuhl bis auf eine Tiefe von 27 Metern unter dem Wasserspiegel hinab – zur Zeit ihres Einbaus im Jahr 1965 waren dies die längsten Rolltreppen Westeuropas. So gelangt man in eine viereinhalb Meter breite Röhre, in der man unter der Wasserstraße hindurch laufen kann. Der ab 2003 grundlegend sanierte Fußgängertunnel unterquert den Nord-Ostsee-Kanal an der Stelle der alten Drehbrücke von 1913. Geschaffen wurde er, als in den 1950er Jahren der Schiffsverkehr und der Straßenverkehr erheblich zunahmen, sodass die Drehbrücke nicht mehr ausreichte. Die Zugänge zum Tunnel befinden sich kurz vor den Stationen der Schwebefähre, konkret an der Straße Wilhelmstal in Rendsburg und Am Alten Schützenhof in Osterrönfeld.

Eines der bedeutendsten Industriedenkmäler und ein besonderer Anblick: die Rendsburger Nord-Ostsee-Kanal-Fähre.

.

Genuss mit Schiffsbegrüßung:
Brückenterrassen
Restaurant & Café
Auf der Homepage gibt es auch Termine für Schiffsbegrüßungen.
Am Kreishafen 36
24768 Rendsburg
T. 04331 22 002
brueckenterrassen.de

Eisengusskunst in höchster Vollendung

138

Nicht nur wegen der auch als „Eiserne Lady" bezeichneten Schwebefähre spielt dieses Baumaterial in der am Nord-Ostsee-Kanal liegenden Stadt eine besondere Rolle. Deutlich wird dies in Rendsburg-Büdelsdorf. Hier befindet sich das Eisenkunstguss-museum, direkt gegenüber dem ehemaligen Industriegelände der Carlshütte, einer 1827 gegründeten Eisengießerei, die bis 1997 bestand. Die Ausstellung konzentriert sich vor allem auf das Gusseisen und den Kunstguss des 19. Jahrhunderts sowie der damit verbundenen (Kultur)geschichte. Sie offenbart sich anhand von rund 180 Ausstellungsstücken vom Personendenkmal über den Kohlenkasten bis hin zur Garnwinde. Das Besondere daran: Die Exponate werden eindrucksvoll inszeniert. So führt zum Beispiel die Lichtinstallation „Fließendes Eisen" die Besucher durch das Gebäude.

Die Ausstellung begrenzt sich nicht auf Schleswig-Holstein, vielmehr werden auch die Vielfalt und Qualität gusseiserner

Das Eisenkunstguss-museum Carlshütte auf dem Gelände der ehemaligen Gießerei.

Produkte anderer prominenter Industriestätten aufgezeigt, etwa der Königlich Preußischen Eisengießereien, der Ilsenburger Hütte, des Hüttenwerks Mägdesprung oder russischer Hütten wie Kasli. Viele der Exponate stammen aus der Carlshütte. Die Gründung des Gewerbemuseums geht auf Käte Ahlmann zurück, eine der bedeutendsten Unternehmerinnen des 20. Jahrhunderts. Federführend ist heute das Landesmuseum für Kunst und Kulturgeschichte der Stiftung Schleswig-Holsteinische Landesmuseen Schloss Gottorf.

Besonders eindrucksvoll ist auch das benachbarte „Kunstwerk Carlshütte". Im Ambiente eines Industriedenkmals aus der Eisengießerzeit werden dort heute Ausstellungen und verschiedene Kulturveranstaltungen, unter anderem Konzerte, Lesungen, Theater- und Filmvorführungen in verschiedenen Spiel- und Präsentationsstätten angeboten. Mit der NordArt gastiert hier jährlich eine der größten Ausstellungen moderner Kunst in Europa.

Die Skulptur „Quo Vadis" von David Černý wurde im Rahmen der NordArt in Büdelsdorf ausgestellt.

**Eisenkunstguss-
museum**
Ahlmannallee 5
24782 Büdelsdorf
T. 04331 43 37 022
das-eisen.de

Kunstwerk Carlshütte
Vorwerksallee
24782 Büdelsdorf
T. 04331 35 46 95
nordart.de

Die nun wieder längste Sitzbank der Welt

140

Kanal-Panorama mit Rekordstatus: Mehr als einen halben Kilometer lang ist die Sitzbank am Nord-Ostsee-Kanal.

Mit einer neuen Länge von 575,75 Metern holte sich die Sitzgelegenheit am Rendsburger Ufer des Nord-Ostsee-Kanals im Jahr 2014 den Weltrekord zurück. Zwischenzeitlich war sie von einem Konstrukt in Thüringen übertrumpft worden. Selbst wenn sie wieder einmal den Spitzenplatz abgeben müsste: Dies ist eine der schönsten Möglichkeiten, am Kanal zu verweilen und dessen Schifffahrt auf sich wirken zu lassen. Platz ist jedenfalls reichlich vorhanden. Die Bank steht am Nordufer des Nord-Ostsee-Kanals gegenüber der Stadt Westerrönfeld am schmalen Landbereich zwischen Kanal und Eider.

Refugium für seltene Nutztiere

Arche Warder – dieser Name kommt nicht von ungefähr. Der Tierpark in der Gemeinde Warder zwischen Rendsburg und Neumünster ist sozusagen das rettende Schiff für vom Aussterben bedrohte Haus- und Nutztierrassen. Besucher begegnen hier unter anderem dem schon in der Bibel erwähnten Jakobschaf, das bis zu sechs Hörner haben kann und aus dem Heiligen Land stammen soll, und kuriosen Vertretern wie dem

„Dänischen Protestschwein" (offiziell das „Deutsche Sattel-
schwein – Abteilung Rotbuntes Husumer Schwein"). Es wurde
gezüchtet als lebende Flagge mit rot-weißem Streifen, als im 19.
Jahrhundert dänische Bauern unter der neuen preußischen Herrschaft ihren „Dannebrog" nicht mehr hissen durften. Insgesamt
leben rund 1200 Tiere aus 82 Rassen in diesem besonderen Tierpark. Dahinter steht der 2003 gegründete Verein Arche Warder –
Zentrum für alte Haus- und Nutztierrassen e.V.

Arche Warder
Tipp: Übernachten
im Tierpark.
Langwedeler Weg 11
24646 Warder
T. 04329 91 340
arche-warder.de

143

Das Bunte Benthei-
mer Schwein ist eine
der Nutztierrassen,
die in der Arche
Warder bestaunt
werden können.

Der letzte Tuchmacher

Das Wappen mit seiner Silhouette der Fabrikschornsteine erinnert daran: Neumünster war einmal das Zentrum der deutschen Tuchindustrie. Um 1900 gab es hier rund 20 Tuchfabriken. Bereits im 18. Jahrhundert hatten Angehörige dieser Zunft die Stadt für sich entdeckt, als diese ihre industrielle Blüte erlebte. Wegweisend war die Eröffnung der „Privilegierten Wollzeugfabrique" auf der Klosterinsel der Schwale im Jahre 1760. Als förderlich erwies sich zudem Neumünsters verkehrsgünstige Lage mitten in Schleswig-Holstein, an dem Fluss und den Mitte des 19. Jahrhunderts neu entstandenen Eisenbahnlinien. Auf Güterwaggons der Reichsbahn wurden die Textilien weit über die Grenzen hinaus exportiert.

Heute ist die Tuchmacherei hier Geschichte, einen aber gibt es noch, der die Produktion betreibt – auf eine neu entdeckte Weise. Hans-Friedrich Rowedder bestickt T-Shirts, Jacken und

Die alte Handwerkskunst des Webens hat in Neumünster bereits Tradition seit dem 18. Jahrhundert. Auf dem Foto ist ein Jacquardwebstuhl abgebildet, eine Weiterentwicklung des vom Engländer Edmund Cartwright 1785 erfundenen ersten mechanischen Webstuhls.

Zeitreise in modernem Ambiente: das Museum Tuch + Technik in Neumünster.

Caps mit den Köpfen sämtlicher Jagdgebrauchshunde. Zu den Kunden des passionierten Jägers zählen unter anderem Vereine, die ihr Logo gern auf diese Weise präsentieren möchten. Der gebürtige Neumünsteraner bringt auch reichlich Erfahrung mit. In den 1950er Jahren absolvierte er eine Ausbildung zum Textilingenieur, dann zog er von einem Ort zum anderen, um Betriebe der Textilindustrie in Birmingham, Holland und im Schwarzwald kennenzulernen. Später übernahm er die elterliche Tuchfabrik, die bereits 1834 an anderer Stelle von seinem Ur-, Ur-, Urgroßvater gegründet worden war. Nach ihrer kompletten Zerstörung im Zweiten Weltkrieg wurde sie neu erbaut und bestand dann noch bis 1973 mit zuletzt 350 Mitarbeitern.

Bewahrt wurde Neumünsters besondere Industriegeschichte im Museum Tuch + Technik. Dort demonstriert unter anderem eine Handwebmeisterin, wie ein Webstuhl funktioniert, und Maschinenmeister führen die industriellen Textilmaschinen vor. An Medienstationen werden historische Lehrfilme gezeigt und Besucher können sich dort Interviews mit Textilarbeitern und -fabrikanten aus Neumünster anhören. Außerdem kann jeder sich einmal selbst an Webstühlen und mit Laborexperimenten als Weberei-Experte versuchen.

Reise in die Lokalgeschichte: Museum Tuch + Technik
Kleinflecken 1
24534 Neumünster
T. 04321 55 95 80
tuchundtechnik.de

Legales Schlummern im Wald

Viele Naturliebhaber möchten es gern tun, manche machen es verbotenerweise auch einfach: Mitten im Wald schlafen und den nächtlichen Lauten der Tiere lauschen, was in Deutschland nur selten gestattet ist. Eine Ausnahme gibt es im Segeberger Forst. Hier wurde im Rahmen des Projekts „Wildes Schleswig-Holstein" bei einem Waldspielplatz der „Schlafplatz wildes S-H" (Übernachtungsplatz Segeberger Heide) eingerichtet. Eine Aufsicht, sanitäre Anlagen oder einen Kiosk sucht man hier vergebens, dafür gibt es Natur pur und während der Saison immerhin eine Dixi-Toilette und einen Müllcontainer. Für jeweils eine Nacht darf jeder diese kostenlose Möglichkeit nutzen, die an einer Waldstraße zwischen Heidmühlen und der Bundesstraße 206 zu finden ist. Auch Grillen ist an diesem Trekkingplatz erlaubt. Und wer auch noch Wölfe heulen hören möchte, spaziert zum circa fünf Kilometer weiter nordwestlich gelegenen Wildpark Eekholt, der mit seiner „Wolfsmeile" sachlich über das wahre Wesen des Wolfes informieren und Groß und Klein diese faszinierende Tierart näherbringen möchte.

Im nahen Wildpark Eekholt heulen die Wölfe.

Schlafplatz wildes S-H
Zufahrt über Abzweigung
von der Landstraße
Hartenholm-Heidmühlen.
Koordinaten:
53°55'58.404"N
10°5'10.896"E
Breitengrad: 53.93289
Längengrad: 10.08636
23812 Buchholz
forst-sh.de
stiftungsland.de/stiftungsland/

Wildpark Eekholt
Eekholt 1
24623 Großenaspe
T. 04327 99 230
wildpark-eekholt.de

Hier können Camper
mal wirklich Ruhe
finden: der Schlafplatz
im Segeberger Forst.

7

Von Kiel bis Lübeck

Informationstechnologische Zeitreise

150

Am Ostufer der Kieler Förde vereinen sich Kunst, Kultur und Wissenschaft auf besondere „Art" und Weise. Während auf dem Gelände von Hochschulen neben den Lehr- und Verwaltungsgebäuden meist allenfalls eine Mensa und die Bibliothek zu finden sind, verwandelte sich ein Teil des Campus' der Fachhochschule Kiel in die Kulturinsel Dietrichsdorf, wobei einige Bunkeranlagen einbezogen wurden. In einer davon präsentiert sich auf drei Stockwerken in vollendeter Bunker-Ästhetik das Computermuseum. Besucher können hier eine informationstechnologische Zeitreise unternehmen. Los geht es mit einer Brunsviga 13 RK, einem kurbelbetriebenen Gehirn aus Stahl, und einem Modell der weltersten Rechenmaschine aus Holz, die Wilhelm Schikard im Jahre 1623 baute. Stationen mit immer moderneren Computern verdeutlichen die weitere Entwicklung. An Audiostationen sind Stimmen der Pioniere zu hören. So berichtet etwa Konrad Zuse „Wie ich den Computer erfand", untermalt vom Klang einer Zuse Z22. Aufklappbare Tafeln erläutern unter anderem, wie das duale System oder ein Relais funktionieren.

Schräg gegenüber dem Museum können Besucher des Mediendoms unter einer 360°-Projektionskuppel mitreißende Filme erleben, zum Beispiel auf dem Planet Saturn Achterbahn fahren oder eine Orchideenblüte von innen erkunden. Im Bunker-D wiederum ist ein Kultur- und Kommunikationszentrum mit Café, Bar, Galerie und Kino untergebracht. Außerdem gibt es auf dem Gelände eine Sternwarte und ein Gießereimuseum. Über die gesamte Kulturinsel Dietrichsdorf verteilen sich 33!Denk!Bänke!, eine intermediale Installation des Bremer Künstlers Michael Weisser. Jede dieser Sitzgelegenheiten bietet per QR-Codes den Zugang zu einem Kunstwerk. Nach dem Einscannen mit dem Smartphone erleben hier Platz Nehmende beispielsweise eine

151

Im Computermuseum auf dem Campus der Fachhochschule Kiel in Dietrichsdorf können Besucher eine informationstech-nologische Zeitreise unternehmen.

Voodoo-Session aus der Steppe der Shimba-Hills in Kenia oder die Geräuschkulisse des Marktplatzes von Victoria, der Hauptstadt der Seychelleninsel Mahé.

Kulturinsel Dietrichsdorf
Sokratesplatz 6
24149 Kiel
T. 0431 21 01 741
fh-kiel.de/kulturinsel-d/
computermuseum-kiel.de
mediendom.de

Der Kulturraum der Probsten

Nordöstlich der schleswig-holsteinischen Landeshauptstadt erstreckt sich eine besondere Kulturlandschaft: Rund um das 1259 gegründete Schönberg, circa 25 Kilometer von Kiel entfernt, zeugen repräsentative Fachhallenhäuser und eigene Trachten noch heute vom Standesbewusstsein und Wohlstand der Probstei mit ihren 20 Dörfern. Die Region nahm über Jahrhunderte eine Sonderstellung ein. Benannt wurde sie nach den Klostervorstehern, den sogenannten Probsten (auch: Propsten).

Unter der Herrschaft der Probsten bildete sich hier an der Ostseeküste ein besonderer Kulturraum. Die Probsteier Bauern konnten ihre Höfe größtenteils als Eigentümer oder in Erbpacht auf eigener Scholle bewirtschaften, damit waren sie privilegiert gegenüber den leibeigenen Bauern der umliegenden Gutsherrschaften.

Hofanlagen mit Fachhallenhäusern wie anno dazumal sind in der Region rund um Schönberg zu entdecken.

Ihren Anfang nahm die Entwicklung im Jahre 1226, als der damalige Landesherr Adolf IV., Graf von Schauenburg und Holstein, dem Benediktinerinnenkloster in Preetz Ländereien schenkte. Es handelte sich um den westlichen Teil von Wagrien, der Halbinsel zwischen Kieler Förde und Lübecker Bucht, auf der das Adelsgeschlecht geordneten Landesausbau, also die Erschließung und Besiedelung bis dahin siedlungsleerer oder siedlungsarmer Räume, vorantrieb. Das Gebiet sollte also besiedelt und christianisiert werden. Die Herrschaft der Geistlichen endete im Jahre 1864, als Schleswig-Holstein preußische Provinz wurde. Seither ist die Probstei in den Kreis Plön eingegliedert.

Über die Hintergründe informiert das Probstei Museum Schönberg, untergebracht in einem der ältesten Höfe der Ortschaft. Die Dauerausstellung zeigt Kulturgüter der Probstei wie etwa die typische bäuerliche Tracht, spezielle Töpferwaren und formschöne Intarsien, also dekorative Holzarbeiten. Das Museum veranstaltet auch regelmäßig Märkte, landwirtschaftliche Vorführungen, Brotbacken im Steinbackofen, niederdeutsches Theater, Lesungen, Musik und vieles andere mehr.

Bei geführten Radwanderungen des Museums sind Landschaft und Geschichte im wörtlichen Sinne zu erfahren. Auf der 25 Kilometer langen Tour geht es zur 1782 errichteten Kirche von Schönberg, zu charakteristischen Probsteier Bauernhäusern und der mittelalterlichen Kirche in Probsteierhagen. Weitere Stationen sind der malerische Dorfteich in Prasdorf und die Krokauer Mühle. Erläutert wird unter anderem auch die wirtschaftliche Bedeutung eines „Knicks" und die Relevanz der Region als Kornkammer. Ausgehend vom Probstei Museum sind außerdem historische Spaziergänge durch Schönberg möglich. Zu entdecken ist dabei der alte Dorfanger mit den wichtigen Gebäuden und markanten Plätzen. Die Tradition der Probstei lebt auch während der Probsteier Korntage Ende Juli mit Strohfigurenwettbewerb auf.

Zeitreise in restaurierter Hofanlage:
Probstei Museum
Ostseestraße 8–10
24217 Schönberg
T. 04344 31 74
probstei-museum.de

Stauchmoräne mit Vorzeigeturm

Auch von unten schön anzusehen ist der Aussichtsturm Hessenstein. Im Inneren sorgen die bunten Mosaikfenster für ein besonderes Lichtspiel.

In der Ferne sind die Kräne der Werftanlagen Kiels und das markante Marine-Ehrenmal Laboe auszumachen. In Richtung Nordosten schweift der Blick über die Hohwachter Bucht, bei klarer Sicht sogar bis nach Fehmarn und noch weiter hinüber bis zu den dänischen Inseln Als und Ærø. In südöstlicher Richtung zeigt sich durch eine Baumschneise hindurch der Bungsberg. Schön anzusehen ist auch das Bauwerk, von dem aus sich diese großartige Aussicht eröffnet: Achteckig mit bunten Mosaikfensterchen im Backsteingemäuer, durch die farbiges Licht in das Innere des Turms strahlt, der einen Zinnenkranz mit gusseisernen Spitzen trägt. Er wurde ab 1839 im Stil der Neogotik errichtet und im Jahr 1983 aufwändig renoviert. Wer eine Ein-Euro-Münze eingeworfen und das Drehkreuz passiert hat, gelangt über die 111 Stufen der Wendeltreppe zur Panoramaplattform.

Gerade einmal 17 Meter hoch ist der denkmalgeschützte Aussichtsturm Hessenstein bei Lütjenburg. Man muss jedoch noch 128 Meter hinzurechnen, um eine Vorstellung von dem grandiosen Weitblick zu haben. So hoch ist nämlich der Pilsberg, eine eiszeitliche Stauchmoräne, auf der er sich erhebt.

Das über 500 Jahre alte Gut Panker liegt ungefähr anderthalb Kilometer vom Aussichtsturm entfernt und befindet sich noch immer im Besitz der Kurfürstenfamilie von Hessen-Kassel. Zu dem Anwesen gehören das imposante Torhaus, das barocke Herrenhaus, eine Schlosskapelle, außerdem Galerien und kleine Läden. Einige der Gebäude sind öffentlich zugänglich. Wer mehr Zeit an diesem romantischen Ort verbringen möchte, bucht sich im Hotel „Ole Liese" ein und diniert im Gourmetrestaurant „1797", untergebracht im ehemaligen Jagdzimmer. Es wurde 2021 erneut mit einem Michelin-Stern ausgezeichnet. Mit dem

Landhaus Panker und dem Forsthaus Hessenstein laden noch weitere Restaurants in der Umgebung zur Einkehr ein.

Im 17. Jahrhundert soll der schwedische König, einst Prinz Friedrich von Hessen-Kassel, mit einem Hoffräulein seiner Gemahlin eine Liaison gehabt haben. Um seiner Geliebten eine finanzielle Sicherheit zu bieten, vermachte er ihr die ostholsteinischen Güter Panker, Klampp, Schmoel und Hohenfelde – so munkelt man zumindest.

Das wunderschöne Herrenhaus auf Gut Panker mit italienischem Garten.

Aussichtsturm Hessenstein
Hessenstein
24321 Panker

Gut Panker mit Restaurant „Ole Liese"
Panker 1007
24321 Panker
T. 04381 90 690
ole-liese.de

Restaurant Forsthaus Hessenstein
Hessenstein
24321 Panker
T. 04381 94 16
forsthaus-hessenstein.de

Historisches Sommerdorf vor Riesenflunder

Wer vom Hohwachter Kurstrand aus der Steilküste für knapp anderthalb Kilometer in nordwestlicher Richtung folgt, entdeckt ein ungewöhnliches Sommerdorf: Kurz vor der Aussichtsplattform „Hohwachter Flunder" verteilen sich 50 bunte Badehütten strandnah vor und in einem Küstenwäldchen. Von Sonnengelb über Knallpink bis Dunkelblau sind viele Farbtöne vertreten, ausgesucht und aufgetragen von den jeweiligen Pächtern.

Die „Hohwachter Hütten" blicken auf eine wechselvolle Geschichte zurück. Ab 1931 gehörte der zuvor herrenlose Strand des Fischerdorfs zu Lütjenburg. Nachdem die Stadt beschlossen hatte, das Gelände in ein Strandbad zu verwandeln, konnten alle Bürger gegen Pachtzins ihre eigene Badehütte aufstellen. Die Holzhäuschen sahen damals noch einheitlich aus und standen dichter am Wasser als heute. Wie die traditionellen Badekarren wurden sie vor allem als Umkleidekabinen genutzt. Außer den Bewohnern Lütjenburgs gönnten sich auch wohlhabende Familien aus Hamburg, Lübeck und Neumünster eine eigene Badehütte. So konnte man ganze Wochenenden oder die Sommerferien gemeinsam an der See verbringen. Das Hüttendorf wurde bald durch die Strandhalle „Tante Minna", eine Eisdiele und eine Stranddrogerie bereichert.

Es ist kein Zufall, dass Hohwachts moderne Seebrücke an einen riesigen Plattfisch erinnert.

Der Zweite Weltkrieg setzte dem entspannten Treiben ein Ende. Nachdem die britischen Besatzer Ostholstein fast komplett zur „Kriegsgefangenenzone F" erklärt hatten, musste das Stranddorf als Gefangenenlager herhalten. Etliche der Badehäuschen wurden geplündert oder zerstört. Nachdem die dort internierten deutschen Soldaten freigelassen worden waren, begann man 1946 mit dem Wiederaufbau. Auch eine Strandbücherei richteten sie ein, und ein ausgedienter Bunker diente nun als Kneipe. In einigen der Hütten wurden Geflüchtete untergebracht.

Mit dem auflebenden Tourismus der 1950er Jahre ordnete die Gemeinde Lütjenburg an, dass die Hohwachter Hütten näher zur Steilküste rücken sollten und ihre Anzahl von nun an auf höchstens 50 begrenzt sei. So stehen die inzwischen bunt gestrichenen Badehäuschen dort noch heute und werden von Generation zu Generation vererbt – als Auswärtiger eine zu ergattern, gilt als aussichtslos.

Über den an den Strandhütten vorbeiführenden Dünenweg ist nach wenigen Metern die Hohwachter Flunder erreicht. Mit dem 370 Quadratmeter großen, künstlichen Plattfisch möchte dieses Ostseeheilbad mal etwas ganz anderes bieten als die allseits bekannten Seebrücken. Nicht lang und schmal ist diese nun, sondern breit und fast kreisrund, obendrein hochmodern gestaltet mit einer 24 Meter hohen Stahlkonstruktion. Ausgehend von einer blau lackierten Röhre, dem sogenannten Pylonen im Zentrum, gekrönt von einer goldenen Kugel, ragen Stahlträger wie ein Fächer über die Ostsee. Die daran in drei Meter Höhe hängende Plattform scheint über dem Wasser zu schweben. Der vom Strand aus hinüberführende Weg bildet die Schwanzflosse der Flunder, was von oben betrachtet zu erkennen ist. Auf der Flunder ist während der Sommersaison jede Menge los, beispielsweise bei Konzerten, Strandgottesdiensten oder anderen Veranstaltungen.

Blick auf die Ostsee:
Haus am Meer
Zimmer und Apartments,
Strandrestaurant und Café
Dünenweg 1
24321 Hohwacht
T. 04381 4074-0
hotel-hausammeer.de
hohe-wacht.de

Zeitreise ins mittelalterliche Wagrien

Auf einer grünen Kuppe an der Landstraße bei Lütjenburg steht ein aus Eichenholz gefertigter Turm, der ein Giebeldach trägt und von einem Ringgraben und Hofanlagen umgeben ist. Wir stehen vor einer charakteristischen Turmhügelburg, wie sie während des Mittelalters vielerorts in der Region vorzufinden war. Mindestens elf davon sollen im Umkreis von Lütjenburg existiert haben. Bei dieser nun handelt es sich um die freie Rekonstruktion einer Wehranlage, auch „Motte" genannt. Verbreitet waren Turmhügelburgen in dieser Region, als die Schauenburger Grafen und ihre adligen Lehnsleute das slawische Wagrien eroberten, dessen Ausmaße ungefähr dem heutigen Kreis Ostholstein entsprachen. Ihr Ziel war es, die Gegend zu kolonisieren und missionieren. Ihre Anwesen schützten sie mit Ringwall und Wassergraben.

Wer zur rechten Zeit kommt, kann auf der Turmhügelburg mittelalterliches Treiben beinahe wie damals erleben.

Ein historischer Meilenstein in diesem Kontext war die Schlacht bei Bornhöved am 22. Juli 1227, bei denen sich dänische Truppen unter König Waldemar II. und die Ritter des Grafen Adolf IV. von Schauenburg und Holstein gegenüberstanden, Letztere unterstützt von einer Koalition aus norddeutschen Landesherren und Städten. Durch die schwere Niederlage Waldemars II. in dem Konflikt um die Herrschaft über die Gebiete zwischen Elbe und Eider war das Ende der dänischen Hegemonie im Norden besiegelt und die großdänischen Kolonialpläne waren gescheitert.

Verwaltet wird die rekonstruierte Turmhügelburg von der Gesellschaft der Freunde der mittelalterlichen Burg in Lütjenburg e. V. Ihre Mitglieder errichteten sie zusammen mit dem Archäologischen

Landesamt Schleswig-Holstein. Die Anlage ist ganzjährig unter Einschränkungen zu besichtigen. Das Außengelände des Museums ist auch außerhalb der Öffnungszeiten begehbar.

An bestimmten Tagen können Besucher hier in das mittelalterliche Alltagsleben eintauchen – vor allem im Sommer, wenn Ehrenamtliche in historischer Kleidung, mit originalgetreuen Werkzeugen und Gerätschaften in längst vergangene Zeiten entführen. Auch „Burgbelebungen" werden immer mal wieder veranstaltet: Konzerte mit Mittelalterbands in authentischer Atmosphäre.

Die charakteristische Turmhügelburg mit dem Ringgraben und Wirtschaftsgebäuden wurde auf eindrucksvolle Weise rekonstruiert.

Turmhügelburg Lütjenburg
Nienthal 10s
24321 Lütjenburg
T. 04381 80 07
turmhuegelburg.de

Ein Greis unter den Gneisen

Im Nienthal bei Lütjenburg verbirgt sich inmitten der hügeligen Landschaft ein kleines Museum, das über die Auswirkungen der Eiszeit und die Entstehung Norddeutschlands berichtet. Ausgestellt sind bunte Granite und andere Steine aus verschiedensten Erdepochen sowie Fossilien, seinerzeit mitgebracht von den sich aus Skandinavien heranschiebenden Gletschern, als diese die Linie der Ostseeküste formten und dabei unter anderem Bernstein sowie etliche Feuersteine hinterließen – zuletzt vor rund 10 000 Jahren. Ein besonderes Exponat ist das älteste Gestein Deutschlands, der fast zwei Milliarden Jahre alte Sörmland-Gneis. Geboten werden im Eiszeitmuseum auch Sonderausstellungen und besondere Aktionen wie die Fossilienwerkstatt. Und wer sich zuvor an den nahen Stränden mit ihren Steilküsten auf die Suche gemacht hat, kann hier seine Fundstücke bestimmen lassen.

Das inmitten der Endmoränen liegende Eiszeitmuseum informiert über geologische Hintergründe.

Eiszeitmuseum Lütjenburg
Nienthal 7
24321 Lütjenburg
T. 04381 41 52 10
eiszeitmuseum.de

Einkehr auf italienisch:
Ristorante Da Mimmo
Gildenplatz 6c
24321 Lütjenburg
T. 04381 52 61
ristorante-da-mimmo-
luetjenburg.eatbu.com

Auch Kinder haben
ihren Spaß in der
liebevoll gestalteten
Ausstellung (oben).

Zu den Exponaten ge-
hören auch imposante
Fossilienfunde
(unten).

Die sagenhafte Kapelle auf dem Seegrund

Von Hügeln dicht umschlossen, geheimnisvoll
Verhüllt in Waldnacht dämmert der Uglei-See,
Ein dunkles Auge, das zur Sonne
Nur um die Stunde des Mittags aufblickt.

So beginnt ein Gedicht von Emanuel Geibel (1815–1884), bekannt durch sein Wanderlied „Der Mai ist gekommen". Der in Lübeck geborene Lyriker widmete es dem zur Holsteiner Seenplatte gehörenden Ukleisee bei Malente und Eutin. Auch einige Sagen ranken sich um das stille Gewässer mit seinen komplett bewaldeten Ufern. So soll sich an der Stelle des Sees einst ein liebliches Tal mit einer Kapelle befunden haben. Zu diesen Zeiten geschah es, dass sich ein Ritter und ein armes Bauernmädchen ineinander verliebten. Doch der gesellschaftliche Druck war wohl zu groß. Obwohl der Ritter sich dem Mädchen versprochen hatte, verlobte er sich mit einer Gräfin. Die Verlassene wurde krank vor Liebeskummer und verstarb am gebrochenen Herzen. Als das adlige Brautpaar in der Kapelle getraut werden sollte, sah der Ritter plötzlich den Geist des Mädchens vor sich. In diesem Moment brach ein fürchterliches Unwetter aus, das Tal füllte sich mit Wasser, und die Kapelle mitsamt der Hochzeitsgesellschaft versank in den Fluten.

Emanuel Geibel widmete dem Uklei-See im 19. Jahrhundert poetische Zeilen.

So soll sich also der Ukleisee gebildet haben. Man munkelt, dass an stillen Abenden das Läuten der Kapellenglocke auf seinem Grund zu hören sei. Vielleicht haben auch schon Spaziergänger die gruseligen Klänge gehört…

Wer es ausprobieren möchte, folgt bei Sonnenuntergang dem drei Kilometer langen Uferweg um den See.

Geologen haben übrigens eine nüchterne Erklärung für die Entstehung des „dunklen Auges". Demnach bildete sich der Ukleisee in der letzten Kaltzeit als sogenannter Toteissee. So werden Gewässer bezeichnet, die in zuvor vergletscherten Gebieten zurückbleiben, nachdem sich die Eismassen zurückgezogen haben.

Der sagenhafte Uklei-See lädt bei einer Umrundung dazu ein von spannenden Geschichten zu träumen.

Ukleisee
Anfahrt zum Aussichtssteg
über Eutiner Straße
23701 Eutin

5-Seen-Fahrt
T. 04523 22 01
5-seen-fahrt.de

Pfälzer Wein im Norden

„So mookt wi dat".
Feine Rosé- und
Weißweine sind in
Grebin zu verkosten.

Man glaubt es kaum, aber der Klimawandel macht's möglich. Sogar in der Holsteinischen Schweiz werden an den Hängen reifende Reben zu regionalen Weinen verarbeitet. Ermöglicht wird dies auch durch Pflanzrechte, die Schleswig-Holstein im Herbst 2008 von Rheinland-Pfalz zugesprochen bekam. Sie beziehen sich auf eine Anbaufläche von insgesamt zehn Hektar. Dafür konnten sich potenzielle Winzer bewerben. Drei Hektar gingen an den Ingenhof bei Malente mit 35 Grad steilen, somit besonders frostsicheren Hängen in Südlage. Hier produziert man aus der Rebe Solaris einen fruchtigen trockenen Weißen. Auch Weinbergführungen sind nach Absprache möglich.

Knapp acht Kilometer weiter östlich gedeihen im Schutz eines Waldes die Reben auf dem Südhang von Hof Altmühlen in Grebin nahe Plön. Winzer Steffen J. Montigny, der auch einen Weinberg an der Ahr im Rheinland betreibt, gewann im Auswahlverfahren zwei Hektar Anbaufläche, wo er weiße und rote Trauben kultiviert. Das Ergebnis ist unter anderem ein Weißwein, der bereits in den Gault&Millau-Weinguide aufgenommen wurde. Die Cuvée mit den Rebanteilen Solaris, Johanniter, Muscaris und Felicia hat einen plattdeutschen, bodenständigen Namen: So mookt wi dat.

Mit Café und Shop:
Weingut Ingenhof
Dorfstraße 19
23714 Malente-Malkwitz
T. 04523 20 21 59
ingenhof.de

Hof Altmühlen
Altmühlen 3
24329 Grebin
sjmontigny.de
(Der Hof kann leider nicht besichtigt werden)

Der Weinberg von Hof Altmühlen in Grebin nahe Plön.

Das Landhaus vom Weingut Ingenhof in Malkwitz.

Hochzeit einer Bräutigamseiche

Die Dodauer Eiche macht manchmal Liebesglück erst möglich und ist heute ein beliebtes Ausflugsziel.

Mit einem klaren „Ja"-Ruf der anwesenden Hochzeitsgäste war ihr Bund fürs Leben besiegelt. Das Brautpaar konnte es nicht selbst aussprechen und sich dabei auch nicht in die Augen sehen, denn die beiden trennten 503 Kilometer: Die legendäre Bräutigamseiche steht nach wie vor im Dodauer Forst bei Eutin, die Himmelsgeister-Kastanie wurzelte fest in den Düsseldorfer Rheinauen. Also musste eine Standesbeamtin den Akt der Vermählung von dort per Mobil-Telefon und Lautsprecher zur Eutiner Hochzeitsgesellschaft übertragen. Mit dem 25. April 2009 war das Datum perfekt gewählt, denn in jenem Jahr war dies der Tag des Baumes. Ein festliches Rahmenprogramm gab es auch, und nach dem Ja-Wort konnten sich die Anwesenden im Dodauer Forst an einer herzförmigen Hochzeitstorte gütlich tun, gespendet von der Eutiner Stadtbäckerei Klausberger.

Zueinander gefunden hatte das Paar aufgrund seiner gleichen Interessen: Beide Bäume verfügen über eine eigene Postadresse samt Briefkasten. Leider währte das junge Glück nicht lang. Die nach einem Düsseldorfer Stadtteil benannte Himmelsgeist-Kastanie verstarb mittlerweile an der Pilzkrankheit Phytophtora, auch die Rosskastanienminiermotte hatte ihr zu schaffen gemacht. Sie musste bis auf einen fünf Meter hohen Stamm gefällt werden. Dieser lebt als Kunstwerk weiter: Kettensägenschnitzer Jörg Bäßler schuf die in das Holz integrierte Skulptur des Baumgeistes „Jüchtwind". Ihr Briefkasten ist nach ihrem Tod entfernt worden, seit 2016 gibt es aber einen Nachfolger. Dieser hängt an der jungen Kastanie Erona, die 2007 gegenüber dem alten Baum gepflanzt wurde. Wer an den Baumgeist Erona gerichtete Briefe einwirft, kann mit einer Antwort rechnen. So war es auch bei der Himmelgeist-Kastanie, die insgesamt rund 6000 Briefe erhielt.

In den „Postkasten", ein Astloch, kann jeder eine Botschaft werfen.

Bei der Bräutigamseiche im Dodauer Forst dient ein Astloch als Briefkasten. Abholen und beantworten darf die Briefe jeder, denn das Postgeheimnis ist an diesem besonderen Ort aufgehoben. Hier handelt es sich oftmals um Liebesbriefe. Benannt ist dieser Baum nach einer wahren romantischen Begebenheit. Vor ungefähr 130 Jahren verliebte sich die Tochter des Oberforstmeisters in den Sohn eines Leipziger Schokoladenfabrikanten. Der Vater der jungen Dame aber war gegen diese Liaison. Also schrieben sich die beiden heimlich Liebesbriefe und versteckten sie im Astloch der Eiche. Am Ende ließ sich der Vater erweichen, das Paar vermählte sich am 2. Juni 1891 unter ihrem Blätterdach. Im Jahr 1927 wurde eine Leiter an den Baum gestellt und die Post begann, Briefe offiziell zuzustellen. Der ungewöhnliche Briefkasten ist geblieben, seine Adresse lautet: Bräutigamseiche, Dodauer Forst, 23701 Eutin. Der Postbote kommt an Werktagen zwischen 12 und 15 Uhr.

Eine Hochzeitsgesellschaft vor der Dodauer Eiche. Heiraten hat hier Tradition.

Mit Hofladen:
Bauernhofcafé am
Dodauer Forst
Gut Friedrichshof
Friedrichshof 1
24306 Bösdorf / OT Dodau
T. 04521 72 749
dodau.de

8

Von Lübeck bis Lauenburg

Das Museum unter der Ausgrabungsstätte

In einem gläsernen Aufzug geht es hinab durch historische Gesteinsschichten des Burghügels. Wer unten aussteigt, gelangt direkt in die Hauptausstellung des Europäischen Hansemuseums. Hier wurde während Bauarbeiten ein wesentlicher Teil der Geschichte Lübecks freigelegt – zu Zeiten der Hanse der wichtigste Handelsplatz im gesamten Ostseeraum. Nun ist die Grabungsstätte mit dem Gebäude verwachsen, das sich direkt neben dem mittelalterlichen Festungstor, dem Burgtor, befindet.

In dem Ausstellungsbereich „Archäologische Grabungsfläche" sind die Anfänge der Besiedlung um das Jahr 800 sowie die 1143 vollzogene Stadtgründung Lübecks anschaulich dargestellt. Berichtet wird auch über die neuesten Erkenntnisse zur Entwicklung dieses historisch bedeutungsvollen Ortes, auf dem das 2015 eröffnete Museum entstanden ist. Es besteht aus dem unterirdischen Bereich, der Anlage des ehemaligen Burgklosters und einem modernen Gebäudeteil. In den Räumen veranschaulichen originalgetreu nachgestellte Szenen aus Lübeck und anderen europäischen Handelszentren die wichtigen Ereignisse der Zeit.

Auch etliche in die Ausstellung integrierte Originalobjekte wie etwa seltene Dokumente und Gemälde machen Leben und Arbeit der Hansekaufleute greifbar. In der Fassade des Museumsneubaus zeichnen feine Linien die Konturen von Bauwerken nach, die früher an diesem Ort gestanden haben. Eine zentral integrierte, öffentliche Treppe verbindet den historischen Hafen mit der höher gelegenen Altstadt. In den Museumskom-

Hinter der minimalistischen Fassade verbergen sich archäologische Funde und eine eindrucksvoll inszenierte Ausstellung zur Geschichte Lübecks und der Hanse.

plex mit einbezogen wurden auch Terrassen, Höfe, ein Spielplatz und die Gastronomie mit Aussicht auf den Hafen.

Wer sich den archäologischen Teil angesehen hat, taucht über den Rundgang im Hauptgebäude mitten in die wechselvolle Geschichte der Hanse ein. Mit multimedialen Rauminszenierungen wird dort dargestellt, wie sich der anfängliche Kaufmannsbund mit seinen rund 200 Partnerstädten zu einer nordeuropäischen Großmacht entwickelte. Beispielhafte Stationen der Hansegeschichte sind dabei Lübeck, Brügge, Bergen, London und das heute zu Russland gehörende Nowgorod als östlichstes Kontor der Hanse. Dabei können Besucher besondere Ereignisse der Hansegeschichte in rekonstruierten Szenen nacherleben und sich zum Beispiel durch eine belebte Verkaufshalle in Brügge bewegen, den prunkvollen „Stalhof" in London besuchen sowie einen Umschlagplatz in Bergen, der besonders für den Handel mit Stockfisch bedeutsam war. Ein weiterer Ausstellungsbereich zeigt, wie sich Mythen und Legenden nach dem Niedergang der Hanse bildeten.

In Szene gesetzt wurde unter anderem auch der Schlüsselmoment zu Beginn der Hanse, als sich Kaufleute aus verschiedenen niederdeutschen Städten an der Mündung der Newa zu einem Verbund zusammenschlossen, um einen Ältermann zu wählen, der die Gruppe anführt und ihre Handelsinteressen beim Fürsten von Nowgorod vertreten soll. Die rekonstruierten Szenen basieren auf dem aktuellen Stand der

172

Im Europäischen Hansemuseum harmonieren interaktive Elemente und moderne Inszenierungen mit historischen Exponaten.

Forschung und wurden historisch so authentisch wie möglich nachgebildet. Im aufwendig restaurierten Burgkloster, einem Dominikanerkonvent aus dem 13. Jahrhundert, präsentiert das Museum bisher unbekannte Aspekte der Lübecker Stadt- und Kulturgeschichte.

Noch mehr Informatives über den Kaufmannsbund bietet die Ausstellung „Die Macht des Handels" im Wahrzeichen der Hansestadt, dem Holstentor. Es ist bei einem Spaziergang entlang der Trave gut vom Europäischen Hansemuseum aus erreichbar (circa 1,5 Kilometer). Natürlich lohnt sich auch ein Bummel über die einmalige Lübecker Altstadtinsel, die zum Weltkulturerbe der UNESCO zählt, von Trave und Wakenitz umschlossen ist und sich auch mit dem Kanu schön umrunden lässt. Der Lübecker Dom und vier weitere Kirchen, die Gedenkstätten von Thomas Mann (Buddenbrookhaus) und Willy Brandt und das Günter Grass-Haus sowie das berühmte Marzipan sind hier unter anderem zu entdecken.

Europäisches Hansemuseum
An d. Untertrave 1
23552 Lübeck
T. 0451 80 90 990
hansemuseum.eu

Museum Holstentor
Holstentorplatz
23552 Lübeck
T. 0451 12 24 129
museum-holstentor.de

Badekultur wie zu Uromas Zeiten

Bahnen schwimmen und dabei nostalgisch werden, das geht in dem wunderschönen Naturfreibad an der Wakenitz.

Angesichts dieses Ambientes möchte man sich am liebsten eine Badekappe mit Seidenschleife aufsetzen: Das denkmalgeschützte Naturbad Falkenwiese mit seinen hölzernen Umkleideräumen entführt in die Badekultur des 19. Jahrhunderts. Es befindet sich am Ufer der Wakenitz östlich der Lübecker Altstadtinsel in einem abgegrenzten Bereich des Flusses. Geboten werden hier auch Veranstaltungen wie zum Beispiel das Sommertheater auf der Seebühne, Poetry Slams und Auftritte von Solokünstlern.

Naturbad Falkenwiese
Wakenitzufer 1b
23564 Lübeck
T. 0451 79 43 15
naturbad-falkenwiese.info

Für ein stimmungs-
volles Ambiente bei
Veranstaltungen ist
gesorgt, und auch die
Umkleidekabinen
fügen sich visuell an-
sprechend in die
Szenerie.

Auf dem Treidelpfad zum Fischerdorf

176

Wie ein begehbares Freilichtmuseum wirkt das Fischerdorf mit seinen schmucken Reetdachhäusern. Weil es immer noch bewohnt ist, sollten Besucher sich respektvoll verhalten.

Es war Schwerstarbeit: Kaltblutpferde oder ganze Mannschaften zogen Schiffe auf Wasserwegen stromaufwärts oder – wenn keine Strömung vorhanden war, z.B. in Kanälen – entlang der Ufer. Für das sogenannte Treideln entstanden vielerorts Pfade wie an der Trave nordöstlich von Lübeck. Dort können Spaziergänger diesen historischen Spuren auf einer Strecke von sieben Kilometern folgen. Die Wanderroute verläuft direkt am Traveufer zwischen der Herreninsel und dem Landschaftsschutzgebiet Schellbruch, einem Vogelparadies mit salzwasserhaltigen Lagunen, Bächen und Schwemmwiesen. Sie führt auch durch die Reetdachidylle des Fischerdorfs Gothmund. Hier, im heutigen Lübecker Stadtteil St. Gertrud, befand sich ab dem frühen 16. Jahrhundert ein kleiner Schutzhafen für Schiffe, die auf dem Weg in die Hansestadt waren. Heute gleicht das gut erhaltene Häuserensemble einem Freilichtmuseum mit seinen vielerorts drapierten Netzen, Reusen, Tauen und an Stegen

schaukelnden Booten. An einigen der Backsteinfassaden baumeln wie anno dazumal an einer Schnur aufgefädelte Feuersteine mit Löchern – die Hühnergötter, einst ein Mittel, um den Fuchs zu vertreiben. Schmale Gässchen und Treppchen verbinden die urigen Fischerhäuser miteinander.

Ursprünglich dienten die am Steilhang errichteten, schlichten Katen als Schutzhütten. Dann wurden hier einige Fischerfamilien sesshaft, bauten insgesamt 18 Häuser und deckten sie mit Reet von den nahe gelegenen Travewiesen. Man schrieb das Jahr 1585, als die Fischer von Gothmund in der ersten allgemeinen Fischereiordnung eigene Rechte zugesprochen bekamen. Viele ihrer Häuser wurden bei einer Sturmflut am 13. November 1872 stark beschädigt, andere fielen 1893 einem Brand zum Opfer. Etwa die Hälfte der ursprünglichen Katen ist erhalten geblieben, es sind die denkmalgeschützten Häuser am Fischerweg Nummer 10 bis 18.

Vom gegenüberliegenden Ufer der Trave aus betrachtet, zeigt sich Gothmund in seiner ganzen beschaulichen Schönheit.

Angesichts der Romantik, die das Dörfchen heute verströmt, gerät fast in Vergessenheit, dass das Treideln einst harte Arbeit bedeutete.

Nicht nur auf den Dächern der Wohnhäuser, sondern auch im Gartencafé Landschätzchen präsentiert sich die uralte Handwerkskunst des Reetdeckens.

Fischerdorf Gothmund
Fischerweg
23568 Lübeck
fischerdorf-gothmund.de

Gartencafé Landschätzchen
Lauschiges Hofcafé beim
landwirtschaftlichen Bio-Betrieb,
ca. 1,5 Kilometer vom Fischerdorf
entfernt. Auch Wild aus der
Region.
Eichenweg 10
23568 Lübeck
T. 0451 39 83 060
landschaetzchen-gartencafe.de

Liebevoll gestalteten
die Bewohner jeden
Winkel des Dorfes.

Fürstliche Street-Art
im Sachsenwald

Wer vor dem Wald-
spaziergang das
Bismarck-Museum
besucht, sieht den
Sachsenwald auch
aus einem his-
torischen Blickwinkel.

Das mit knapp 70 Quadratmetern größte zusammenhängende
Waldgebiet Schleswig-Holsteins erfreut auch viele Hamburger
und andere Ausflügler. Einem Namen begegnet man hier an
vielen Orten: Otto von Bismarck lebte von 1871 bis 1898 in
Friedrichsruh im Sachsenwald. Kaiser Wilhelm I. hatte ihm das
Forstgebiet geschenkt. Spaziergänger stoßen dort auf eine
Bismarck-Säule und den 27 Meter hohen Bismarckturm im
benachbarten Aumühle. Sehenswert ist auch das Denkmal
„Hirschgruppe", das Anhaltische Städte dem Reichsgründer zu
dessen 80. Geburtstag widmeten. Zu entdecken ist es nahe
dem Mausoleum, in dem Bismarck neben seiner Frau Johanna
bestattet wurde.

Die Nachfahren des ersten deutschen Reichskanzlers pfle-
gen und bewahren den Sachsenwald noch immer. Schöner
werden sollte auch die Unterführung unter den Bahngleisen in
Friedrichsruh. Durch sie gelangen die Besucher vom Bismarck-

Museum zum Mausoleum, das sich auf der anderen Seite befindet (Tickets für das Drehkreuz gibt es im Museum). So entschloss sich Fürstin Elisabeth von Bismarck, die Gattin von Ottos Urenkel Ferdinand, den unansehnlichen Betontunnel eigenhändig zu verschönern. Sie bemalte diesen mit einem grünen Zaun, über den sich ein blauer Himmel spannte, der mit der Tiefe der Unterführung immer weiter wird. Kurz, nachdem das Kunstwerk entstanden war, wurde es auch schon mit Graffiti übersprüht. Geduldig schwang Fürstin Elisabeth

Die Unterführung von Friedrichsruh gestaltete Fürstin Elisabeth von Bismarck höchstpersönlich zu einem Denkmal für Glück und bewies dabei ein Herz auch für Sprayer.

abermals den Pinsel und ließ am Eingang des Tunnels ein Schild aufstellen. Darauf informiert sie über ihre Bemühungen und betont, dass sie damit alle Menschen glücklich machen möchte – auch die Sprayer. Seither blieb das Wandgemälde unberührt, nur etwas verblichen ist es inzwischen. Wenige Schritte weiter zeigt die Ausstellung im Museum das originalgetreu eingerichtete Arbeitszimmer Otto von Bismarcks sowie zahlreiche Gemälde, Fotografien und andere Zeugnisse seiner Ära. Zur Sammlung gehören außerdem das Originalgemälde „Die Proklamierung des deutschen Kaiserreichs von Versailles 1871" (gemalt von Anton von Werner), Briefe, Handschriften, Dokumente, Ehrenbürgerbriefe verschiedener Städte, Kassetten und Schatullen, wertvolle Porzellane und Geschenke aus aller Welt.

Gregor Graf von Bismarck, ein Ururenkel des Reichskanzlers, heißt alle Besucher des Sachsenwalds auf der zugehörigen Homepage herzlich willkommen. Er stellt dort das Naherholungsgebiet mit seinen Ausflugszielen vor, unter anderem den fröhlich stimmenden Schmetterlingsgarten und die Museumseisenbahn im Lokschuppen Aumühle, auf der die Familienchronik der Fürstenfamilie im Detail nachzulesen ist.

Eine besonders schöne Wandertour verläuft ab Aumühle durch das naturgeschützte Billetal; Die elf Kilometer lange Route führt durch eine vielfältige Waldlandschaft, in der auch der Eisvogel und die Gebirgsstelze vorkommen. Ziel ist die Grander Mühle in Kuddewörde. Es handelt sich dabei um die älteste Korn-Wassermühle Norddeutschlands, erstmals urkundlich erwähnt anno 1345.

Bismarck-Museum Friedrichsruh
mit Mausoleum
Am Museum 2
21521 Aumühle
T. 04104 96 39 344
bismarck-stiftung.de

Restaurant im „Il Caminetto"
der Grander Mühle
Authentische italienische Küche.
Lauenburger Straße 1
22958 Kuddewörde
T. 04154 99 95 120
grandermuehle.de/restaurant

Das gefällt Familien:
Garten der Schmetterlinge
Reise in die Tropen mitten im
Sachsenwald. Mit Snackbar
(auch Außenplätze) und Café.
Am Schloßteich 8
21521 Aumühle
T. 0172 40 48 626
gartenderschmetterlinge.de

Wundervolle Ausflugsziele wie die Grander Mühle (mit Restaurant) bereichern das weitläufige Waldgebiet.

Nur wenige Schritte sind es vom Museum bis zum Mausoleum, das ebenfalls zu besichtigen ist.

Hier fanden der ehemalige Reichskanzler und seine Gemahlin Johanna von Bismarck ihre friedvolle Ruhe.

Der große Knall auf der Elbe

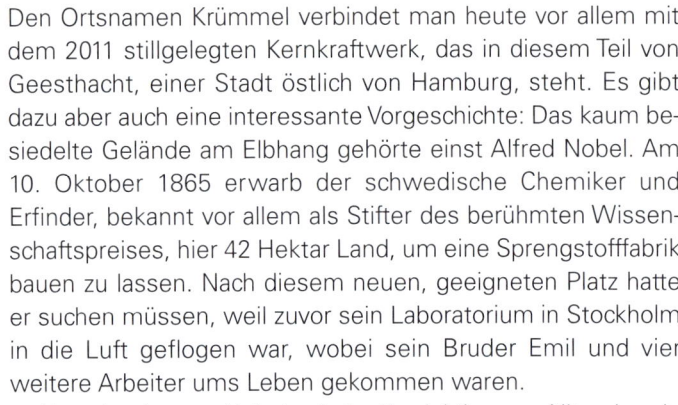

Den Ortsnamen Krümmel verbindet man heute vor allem mit dem 2011 stillgelegten Kernkraftwerk, das in diesem Teil von Geesthacht, einer Stadt östlich von Hamburg, steht. Es gibt dazu aber auch eine interessante Vorgeschichte: Das kaum besiedelte Gelände am Elbhang gehörte einst Alfred Nobel. Am 10. Oktober 1865 erwarb der schwedische Chemiker und Erfinder, bekannt vor allem als Stifter des berühmten Wissenschaftspreises, hier 42 Hektar Land, um eine Sprengstofffabrik bauen zu lassen. Nach diesem neuen, geeigneten Platz hatte er suchen müssen, weil zuvor sein Laboratorium in Stockholm in die Luft geflogen war, wobei sein Bruder Emil und vier weitere Arbeiter ums Leben gekommen waren.

Nun also konnte Nobel mit der Produktion von Nitroglyzerin auf dem neuen Werksgelände in Geesthacht beginnen. So ganz als das Richtige erwies es sich dann doch nicht. Schon nach wenigen Wochen kam es auch dort zu einem großen Knall, weil der Sprengstoff sich selbst entzündet hatte. Ein Teil der Anlagen wurde zerstört. Der Forscher ließ sich nicht beirren. Um weiter und nun in sicherer Umgebung mit dem hochempfindlichen Stoff experimentieren zu können, zog er damit auf einen Kahn in der Elbe um. Es gelang ihm schließlich, mit einer Mischung aus Nitroglyzerin, Kieselgur und Natriumcarbonat das Dynamit zu erfinden. Von 1867 bis 1945 wurde der Sprengstoff in Krümmel

Vor Ort ehrt eine Büste den experimentierfreudigen Physiker Alfred Nobel.

produziert. Die Pulverrohmasse wurde in der 1876 von Max Duttenhofer errichteten Pulverfabrik Düneberg in den Besenhorster Sandbergen westlich von Geesthacht zu Pulversorten verarbeitet und ballistisch geprüft. So galt diese Region als Pulverkammer Deutschlands. Dies und noch vieles mehr über Alfred Nobel ist im GeesthachtMuseum! zu erfahren. Die Ruinen und der alte Wasserturm der Dynamitfabrik verbergen sich heute in einem Wald nahe dem stillgelegten Kernkraftwerk.

GeesthachtMuseum!
im Krügerschen Haus
Alfred Nobel und mehr im
ältesten Fachwerkhaus,
einem Hallenhaus aus dem
18. Jahrhundert, der Stadt.
Bergedorfer Straße 28
21502 Geesthacht
T. 04152 13 14 00
herzogtum-lauenburg.de/
a-geesthachtmuseum
geesthacht.de

Der backsteinerne
Wasserturm der ehe-
maligen Dynamit-
fabrik steht immer
noch.

Peking-Suppe vor der Palmschleuse

Gäste des China-Restaurants Shun Lam am östlichen Ortsrand von Lauenburg haben eine einmalige Aussicht: Direkt vor der Außenterrasse befindet sich die kreisrunde Palmschleuse. Die bereits seit dem Mittelalter (1398) existierende Kanalregulierung gilt als älteste Kammerschleuse Europas. Ursprünglich bestand sie komplett aus Holz, erst als sie 1724 von Grund auf erneuert wurde, erhielt sie ihre heute noch vorhandenen, steinernen Einfassungen. Hier, wo die Stecknitz in den Elbe-Lübeck-Kanal mündet, war dies eine von 15 Schleusen des ersten Wasserscheide-Kanals der Welt: Über den zwischen 1392 und 1398 gebauten Stecknitz-Delvenau-Kanal war seinerzeit die Elbe mit der Hansestadt Lübeck verbunden. Dieser musste einen zehn Kilometer breiten, eiszeitlichen Höhenrücken über-

winden. Die Schleusen waren also ein unverzichtbarer Teil dieses Systems.

Wer noch mehr Lust auf Wasserbauwerke hat, sollte sich auch die große Elbschleuse im nahen Geesthacht nicht entgehen lassen. Sie hat eine Nutzlänge von 250 Metern und ist 25 Meter breit. Sie wurde im Jahr 1957 gebaut, um einen gleichmäßigen Tiefgang zwischen Nieder- und Oberelbe zu gewährleisten. Eine nahe gelegene Staustufe hebt den Elbspiegel bis zu zwei Meter über den bisherigen mittleren Wasserstand. Zu ihr gehört die größte Fischaufstiegsanlage Europas. Die Elbbrücke bietet einen schönen Überblick über beide Anlagen. Diese und noch weitere technische sowie industrielle Sehenswürdigkeiten sind auf der Geesthachter Techniktour zu entdecken. Die 30 Kilometer lange Route ist ausgeschildert und schön mit dem Fahrrad zu erkunden.

Blick auf das historische Wasserbauwerk: Restaurant Shun Lam
Bei der Palmschleuse 6
21481 Lauenburg/Elbe
T. 04153 38 56
shun-lam.de

Techniktour Geesthacht
herzogtum-lauenburg.de/
techniktour-rund-um-geesthacht

Die ungewöhnlich geformte Schleuse aus dem Mittelalter gibt es noch immer. Vergleichsweise neu ist das Restaurant an ihrer Seite – mit Terrassenblick auf das Konstrukt.

Schleswig-Holsteinischer Zeitungsverlag sh:z
**1001 Tipps für einen schönen Tag
in Schleswig-Holstein**
290 Seiten mit zahlreichen Abbildungen
978-3-8319-0749-6

Die Mitarbeiter der Lokalredaktionen des Schleswig-Holsteinischen Zeitungsverlags (sh:z) sowie des A. Beig-Verlags
haben ihre Heimat unter die Lupe genommen und verraten
ihre persönlichen Highlights inklusive Geheimtipps im Land
zwischen den Meeren. Wer sich schon immer einmal vor-
genommen hat, Schleswig-Holstein neu zu entdecken, hat
nun den optimalen Reiseführer zur Hand. Egal, ob Sie Wasser-
ratte oder Landgänger sind, Kultur- oder Sportliebhaber,
Müßiggänger oder Flaneur – für jeden ist der passende Aus-
flugsort dabei. Entdecken Sie Schleswig-Holsteins schönste
Seiten!

Alexandra Brosowski / Karin Lubowski
Schleswig-Holstein für Klookschieter
176 Seiten mit 40 Abbildungen
978-3-8319-0668-0

Wer weiß, was ein Plüschmors ist und woher unser Moin kommt? Die Sylter Royal ist keine Adelige, aber was denn dann? Was sind Donnerkeile und Duckdalben? Schwarzsauer und Mehlbüdel sind keine Schimpfwörter und was hat Alfred Nobel in Schleswig-Holstein zu schaffen? Warum der Klabautermann heißt, wie er heißt? Schönes, Seltsames, Verblüffendes, Typisches: Im Norden gibt es – für Auswärtige wie für Einheimische – vieles zu erkunden. Nord- und Ostsee, Wind und weiter Himmel haben Land und Leute, das Miteinander, die Sprache und die Küche geprägt – und gelegentlich zu regionalen Rätseln geformt. Viele Wörter benutzen wir täglich, kennen aber nicht ihre Herkunft. Wer bei den Nordlichtern mithalten will, findet hier viele Erklärungen zu landestypischen Besonderheiten – auf das er zum „Klookschieter" (plattdeutsch für Besserwisser) werde.

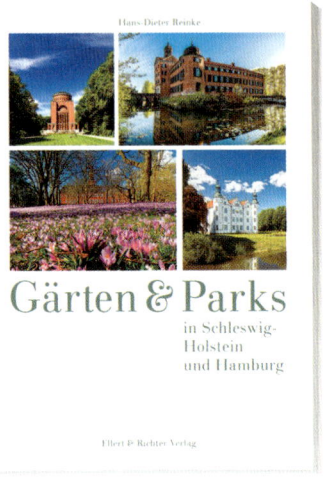

Hans-Dieter Reinke
Gärten & Parks
in Schleswig-Holstein und Hamburg
336 Seiten mit 188 Abbildungen
978-3-8319-0839-4

Schleswig-Holstein, zwischen den Meeren gelegen, und
Hamburg mit seinem berühmten Grün bieten außerordentlich
vielfältige historische und moderne Park- und Gartenanlagen.
Nicht nur die Schlösser und Herrenhäuser des Landes sind von
herrlichen Grünflächen umgeben, man stößt auch auf Haus- und
Bauerngärten, Skulpturenanlagen, Künstler- und Museums-
gärten, Stadtparks, restaurierte Kurparks, Bibelgärten, Schmetter-
lings- und Apfelgärten, Schlossgärtnereien, Rosarien und ökologisch ausgerichtete Landschafsparks. Auf verschlungenen
Wegen, vorbei an blühenden Beeten und alten Baumgestalten
lassen sich die grünen Kleinode entdecken. Die Parks und Gärten
sind in erster Linie Orte der Erholung und Kontemplation. Ihr Erleben und Kennenlernen steht im Mittelpunkt dieses Buches und
wird ergänzt durch Hinweise zu Ausflugs- und Einkehrmöglich-
keiten in der näheren Umgebung.

Bildnachweis

Adobe Stock: Cover o., 28/29, 39, 53, 89o., 107, 117

AG Orts-Chronik St. Peter-Ording: 76, 77

Alte Fischräucherei Eckernförde e.V.: 133o.

Anderson, Rolf, Niebüll-Südergotteskoog: 85

Arboretum Ellerhoop: 22/23, 25o.

Bartels Langness: 165

Dörpstuuv Kollmar, Ulf Buhse: 30

Eiszeitmuseum Lütjenburg 161 unten

Ellert & Richter Verlag: 131u.

Föhr Tourismus GmbH/Fotograf Jens König: Cover ur

Gartencafé Landschätzchen: 178 u.

Hanke, Nick: 151

Hohwachter Bucht Touristik: 156

Huber: Cover ol, Cover Rückseite ul, 66/67, 75, 78, 96, 116, 131 o., 159, 177, 178/179

Imago: 58, 90, 109u. 180, 183 o.

In den Zehn Morgen S.J. Montigny KG: 164

Industriemuseum Kupfermühle: 104/105, 106 o.

L. Iwon, Arche Warder: Cover Rückseite ur., 142/143

Lendt, Christine, Hamburg: 32/33, 37, 50, 122, 173, 181, 183ul, 183ur, 186/187

Mauritius: Cover Rückseite ol., 21 o., 21 u., 25 u., 26, 49, 60, 63, 73, 89u., 98, 116, 137, 140/141, 163, 165u., 176

Mehlig, Annette, 47

Museum Kellinghusen: 35 (Foto: Perlbach)

Museum Tuch+Technik: 145

NordArt: S 139

picture alliance, Frankfurt a. Main: 48, 68, 94/95

Schifffahrtsmuseum: 111

Schütt, Rainer: 92

Schulz, Bettina:

SHLF, Katrin Greve: 147

Stadach, Jutta: 174, 175o., 175 u.

Steinmetz, Dirk / Eckernförder Zeitung: 128/129

Stiftung Schleswig-Holsteinische Landesmuseen: S. 124/125 (Foto: Dombetzki), 126 (Foto: Dewanger)

Stracke, Bernd: 119

Wiki: 10, 13, 14, 16/17, 36, 42, 45, 54/55, 56, 68, 70, 80, 81, 82/83, 99, 106u. 109o. 110, 112/113, 114, 115, 120/121, 130u., 132, 136, 138, 146, 152, 154, 155, 158, 160, 161o. 162, 166,167o., 167 u., 179/171, 178o., 184

Wohlfromm, Jörg: 139

Impressum

192

Bibliografische Information der Deutschen Nationalbibliothek
Die Deutsche Nationalbibliothek verzeichnet diese Publikationin der
Deutschen Nationalbibliografie; detaillierte bibliografische Daten sind
im Internet über http://dnb.d-nb.de abrufbar.

ISBN 978-3-8319-0814-1

© Ellert & Richter Verlag GmbH,
Hamburg 2024

Alle Angaben in diesem Buch sind gewissenhaft geprüft. Preise, Öffnungszeiten etc. können sich aber schnell ändern. Daher können die
Autorin und der Verlag keine Gewähr für die Richtigkeit übernehmen.
Für Anregungen, Berichtigungen und Ergänzungsvorschläge sind wir
dankbar. Bitte senden Sie diese an: presse@ellert-richter.de

Text und Bildlegenden: Christine Lendt, Hamburg
Redaktion: Raphael Iwanczuk, Hamburg
Gestaltung: BrücknerAping Büro für Gestaltung, Bremen
Gesamtherstellung: ADverts, Riga, Lettland

www.ellert-richter.de
www.facebook.com/EllertRichterVerlag
www.instagram.com/ellert_richter_verlag